Thomas von Aquin

Kommentar zur Hebdomaden-Schrift des Boethius

Herders Bibliothek der Philosophie des Mittelalters

Herausgegeben von
Matthias Lutz-Bachmann,
Alexander Fidora, Andreas Niederberger

Band 18

Thomas von Aquin

Expositio in libri Boetii De Hebdomadibus
Kommentar zur Hebdomaden-Schrift des Boethius

Lateinisch
Deutsch

Thomas von Aquin

Expositio in libri Boetii De Hebdomadibus

Kommentar zur Hebdomaden-Schrift des Boethius

Lateinisch
Deutsch

übersetzt und eingeleitet von
Paul Reder

HERDER

FREIBURG · BASEL · WIEN

www.herder.de
Umschlaggestaltung: Finken & Bumiller, Stuttgart
Satz: SatzWeise, Föhren
Herstellung: fgb · freiburger graphische betriebe
www.fgb.de
Gedruckt auf umweltfreundlichem, chlorfrei gebleichtem Papier
Printed in Germany
ISBN 978-3-451-30298-5

Inhalt

Einleitung

Text und Übersetzung

Anhang

Einleitung
Zum Kommentar des Thomas von Aquin zu Boethius' *De Hebdomadibus*

In seiner *Divina Commedia* überträgt Dante keinem geringeren als Thomas von Aquin selbst die Aufgabe, Boethius im Reigen der Weisheitslehrer und Teilhaber des himmlischen Friedens vorzustellen.[1] In ähnlich harmonisierender Zusammenschau mag auch ein erster Blick auf den Kommentar des Thomas von Aquin und seine boethianische Vorlage zunächst die Konformität beider Texte sehen: als gemeinsame Zeugnisse einer lateinisch-abendländischen Kultur, die gerade in ihren prominentesten Vertretern ein Denken in metaphysischer Offenheit repräsentiert, welches die Gegenwart allenfalls als ferner Reflex einer vergangenen Epoche zu erreichen scheint. Diese homogenisierte Perspektive egalisiert jedoch einen Zeitraum von über sieben Jahrhunderten, der seit Abfassung der Boethiusschrift verstrichen ist, als Thomas im 13. Jahrhundert dessen *Opusculum* zwecks Kommentierung zur Hand nimmt. Unbenommen der poetischen Suggestivkraft von Dantes Paradiso, wirft somit allein der Umstand, dass Thomas von Boethius beinahe ebenso viele Jahrhunderte getrennt ist wie von uns, die spannende Frage nach Kontinuität bzw. Diskontinuität der Gedankengänge auf.

Eine redliche Hermeneutik von Texten, die als Kommentar und Vorlage voneinander abhängen, steht immer vor der Aufgabe, beiden Quellen gerecht zu werden. Weshalb im vorliegenden Fall auch der Textvorlage des Boethius und den darin geäußerten Gedanken einige Aufmerksamkeit zuzuwenden ist, bevor der Kommentar des Thomas in den Blick genommen wird. Die Darstellung beider Schriften erlaubt im gegebenen Rahmen nur eine Skizzierung der wichtigsten Zusammenhänge. Diese Abbreviatur ist angesichts des gedanklichen Gehalts der Texte und ihrer vielfältigen sowie kontrovers diskutierten Zusammenhänge mit Persönlichkeiten und Werken der Autoren nur

[1] Vgl. Dante Alighieri, *La divina commedia. Paradiso* 10, 124ff.

im Sinn eines einführenden Überblicks zu rechtfertigen. Auf diverse Facetten und weiterführende Aspekte im Zusammenhang mit den Texten und ihrer Verfasser kann im Rahmen dieser Einleitung oft nur verwiesen werden. Die Einleitung gliedert sich in zwei Abschnitte. Sie beginnt mit einer Grundorientierung hinsichtlich der boethianischen Schrift, die als Ausgangspunkt in zweifacher Hinsicht von Bedeutung ist. Zum einen bildet sie die Referenz der thomasischen Auseinandersetzung, welche im Anschluss dargestellt wird, zum anderen hilft sie die widersprüchliche Einschätzung seiner Kommentarleistung verständlich zu machen.

1 Boethius, seine Schrift *Quomodo substantiae* und ihre Rezeption

1.1 Biographie und Werk im geschichtlichen Kontext

Leben und literarisches Schaffen des Anicius Manlius Severinus Boethius[2] stehen im Spannungsfeld von persönlicher Herkunft, philosophischen Bildungscharakteristika und politischer Neuordnung zum

---

[2] Als erste Zugänge zu Person und Werk eignen sich u.a. besonders: Matthias Baltes, »Boethius. Staatsmann und Philosoph«, in: Michael Erler / Andreas Graeser (Hg.), *Philosophen des Altertums. Vom Hellenismus bis zur Spätantike*, Darmstadt 2000, S. 208–224; Kurt Flasch, *Das philosophische Denken im Mittelalter*, Stuttgart 1986, S. 43–74; Cornelia J. de Vogel, »Boethius«, in: Martin Greschat (Hg.), *Gestalten der Kirchengeschichte*, Bd. 2; Alte Kirche II, Stuttgart 1984, S. 251–261 und mit umfangreichem bibliographischem Anhang: Joachim Gruber, *Kommentar zu Boethius, De Consolatione Philosophiae*, 2. erw. Aufl. (TK 9), Berlin 2006, hier S. 1–16. Ausführliche Informationen und Literaturangaben bieten die Monographien zu Boethius von Luca Obertello, *Severino Boezio*, Bd. 1 u. 2, Genova 1974; Henry Chadwick, *Boethius. The Consolations of Music, Logic, Theology and Philosophy*, Oxford 1981 (repr. 2003); Edmund Reiss, *Boethius* (Twayne's world authors series 672), Boston 1982; John Marenbon, *Boethius* (Great medieval thinkers), Oxford 2003; Alain Galonnier (Hg.), *Opuscula Sacra*, Bd. 1: Capita dogmatica. Traités II, III, IV (PhMed 47), Louvain 2007, S. 31–147; wichtige Aufsätze finden sich in den Sammelbänden von Margaret T. Gibson (Hg.), *Boethius. His life, thought and influence*, Oxford 1981; Luca Obertello, *Atti*, Roma 1981; Manfred Fuhrmann / Joachim Gruber (Hg.), *Boethius* (WdF 483), Darmstadt 1984; Alain Galonnier (Hg.), *Boèce ou la chaîne des savoirs* (PhMed 44), Louvain 2003; Claudio Moreschini (Hg.), *Varia Boethiana* (Storie e testi 14), Napoli 2003; sowie im Themenheft zu Boethius in: *American Catholic Philosophical Quarterly* 78 (2004), 2. Bibliographie durch Joachim Gruber, in: *Lustrum* 39 (1999), S. 307–383 und 40 (2001), S. 199–259.

Ausklang der Spätantike.[3] Um 480 n. Chr. geboren, entstammt Boethius der *Gens Anicia,* einer vornehmen und politisch einflussreichen Familie der stadtrömischen Aristokratie. Nach dem Tod seines Vaters (Konsul von 487) wird er in die Familie des hochgebildeten Q. Aurelius Memmius Symmachus aufgenommen.[4] Der spätere Schwiegervater eröffnet seinem Adoptivsohn vorzügliche und umfassende Bildungschancen.[5] Durch seine Herkunft ist Boethius zudem prädestiniert, eine politische Karriere zu durchlaufen, die ihn schon in jungen Jahren über das Konsulat 510 *(consul sine collega)* bis in das ranghöchste Amt des *Magister officiorum* (522) am Hof des Ostgotenkönigs Theoderich führt. Dieser reagiert allerdings ohne Rücksicht gegenüber seinem Protegé, als er die Machtposition der Ostgoten im Kräfteverhältnis zu senatorischen Kreisen und Ostrom gefährdet sieht. Boethius mag etwa Mitte Vierzig gewesen sein, als eine Verwicklung in diesbezügliche politische Machenschaften nicht nur seiner steilen Karriere ein Ende setzte, sondern das Senatsmitglied auch sein Leben kostete. Wohl aufgrund einer hochverräterisch ausgelegten Intervention für Senatsmitglieder, deren probyzantinische Parteinahme den innen- und außenpolitischen Interessen Theoderichs zuwiderliefen, wurde Boethius seiner Ämter enthoben, inhaftiert und – vermutlich im Oktober des Jahres 524 – hingerichtet.[6] Während der Haft sucht und findet Boethius einzig Trost in der literarischen Personifizierung einer platonisch orientierten Philosophie, deren therapeutischer Kraft er in

---

[3] Vgl. einführend: Claudio Moreschini / Enrico Norelli (Hg.), *Handbuch der antiken christlichen Literatur,* Gütersloh 2007, S. 237–245 (= Kap. 20: Christentum und Spätantike); ausführlich: Claire Sotinel, »Rom und Italien am Übergang vom Römischen Reich zum Gotenreich«, in: Luce Pietri (Hg.), *Der lateinische Westen und der byzantinische Osten* (Die Geschichte des Christentums. Altertum 3), Freiburg i. Br. 2001, S. 300–342.

[4] Vgl. *De Cons. Philos.* 2, 3, 5.

[5] Über die Studienorte gibt es keine direkten Hinweise. Diskutiert werden anhand verschiedener Indizien aus seinem Werk sowie eines Cassiodorzitats (*Variae* 1, 45) v. a. Athen und Alexandria. Die klassischen Positionen (Athenische vs. Alexandrinische Schule) diskutiert ausführlich Cornelia J. De Vogel: »Boethiana I«, in: *Vivarium* 9 (1971), S. 49–66, in Kurzform referiert bei Joachim Gruber, *Kommentar zu Boethius,* a. a. O., S. 3 f.; Matthias Baltes, »Boethius. Staatsmann und Philosoph«, in: Michael Erler / Andreas Graeser (Hg.), *Philosophen des Altertums,* a. a. O., S. 209 dagegen spricht sich für eine »philosophische Unterweisung in Rom durch einen Privatlehrer« aus.

[6] Zur Auseinandersetzung mit den Anklagepunkten vgl. *De Cons. Philos.* 1, 4.

seiner letzten und bekanntesten Schrift *(De Consolatione Philosophiae)* ein Denkmal setzt.

In diesem *Opus ultimum* führt der Inhaftierte nochmals seine ganze intellektuelle Größe und Bildung vor Augen, die ihn zeitlebens antrieb, in eine Zeit des politischen und kulturellen Umbruchs hinein das Erbe der Antike in wissenschaftlicher Akribie zu vermitteln. Nicht zuletzt die Beherrschung des Griechischen versetzt ihn dabei in die Lage, einen ambitionierten Plan ins Auge zu fassen. Er will neben den Werken des Aristoteles auch alle Dialoge Platons übersetzen und kommentieren, um den Nachweis ihrer lehrmäßigen Übereinstimmung zu führen.[7] Obgleich Fragment geblieben, zeigt sich in diesem Vorhaben, das nicht ohne Vorbilder ist,[8] was insgesamt den Anspruch seines umfangreichen schriftstellerischen Werks als System, Summe und Synthese charakterisiert. In lehrmäßiger Ordnung soll der ganze Ertrag griechisch-lateinischer Bildungstradition in enzyklopädischen Zusammenhang gebracht und vermittelt werden. Gerade darin kommt Boethius als »der bedeutendste neuplatonische Philosoph des lateinischen Westens«[9] in seiner Originalität und als Vertreter klassisch-römischer Bildungstradition zum Ausdruck.

Das nicht vollständig erhaltene Werk des Boethius umfasst neben Übersetzungen und Kommentaren auch eigenständige Schriften.[10]

---

[7] Vgl. Boethius, *In librum Aristotelis Peri hermeneias commentarii* (editio secunda) II, 3, ed. Carolus Meiser, 1880, S. 79^{9}–80^{5}; vgl. Alfred Kappelmacher, »Der schriftstellerische Plan des Boethius«, in: *Wiener Studien* 46 (1928), S. 215–225. Für viele neuplatonische Denker (z. B. Porphyrios) und ihre Schulen gehört die synoptische Interpretation von Platon und Aristoteles zur gewohnten Arbeitsweise. Die Überzeugung einer Übereinstimmung beider Autoren zeigt sich auch bei Augustinus, vgl. *Contra academicos* 3, 19, 42.

[8] Bereits Cicero lässt einen ähnlichen Vermittlungsanspruch erkennen, vgl. *De finibus* 1, 3, 7.

[9] Matthias Baltes, »Boethius. Staatsmann und Philosoph«, in: Michael Erler / Andreas Graeser (Hg.), *Philosophen des Altertums,* a. a. O., S. 208; vgl. Christoph Erismann, »Originalité et latinité de la philosophie de Boèce. Note bibliographique«, in: *FZPhTh* 51 (2004), S. 277–289.

[10] Die konkretesten Bestimmungsversuche der chronologischen Abfolge finden sich bei Maëul J. Cappuyns, »Boèce«, in: *DHGE,* Bd. 9 (1937), S. 348–380; Lambert M. de Rijk, »On the chronology of Boethius' works on logic I/II«, in: *Vivarium* 2 (1964), S. 1–49/125–162 und Luca Obertello, *Severino Boezio* I, a. a. O., S. 297–341, hier (S. 342) findet sich auch eine tabellarische Übersicht mit einer Werkeinteilung in drei Perioden, die sich an Marius Victorinus u. Nikomachos (500–509), Porphyrios (510–517) und Cicero (518–524) orientieren. Vgl. die

Von der Sonderform seiner Trostschrift abgesehen, erlauben die Veröffentlichungen eine Einteilung in: (a) wissenschaftliche Lehrschriften,[11] (b) logische bzw. dialektisch-rhetorische Abhandlungen[12] und (c) theologische Arbeiten.[13] Letztere beinhalten, als dritte Abhandlung überliefert, die sog. *Hebdomaden*-Schrift, die Thomas als Vorlage für seine *Expositio* diente. Angesichts des imposanten Werks, das in immer neuen Anläufen, der philosophischen Logik verpflichtet, allein das rationale Argument zur Geltung bringt und selbst in der *Consolatio* ohne dezidiert christliche Konnotation einzig der philosophischen

---

von Joachim Gruber, *Kommentar zu Boethius*, a. a. O., S. 5, Anm. 35 und Alain Galonnier, *Opuscula Sacra*, Bd. 1, a. a. O., S. 134 angeführten Diskussionsbeiträge. Nach Reinhold F. Glei, »Boethius«, in: *LACL*^{3} (2002), S. 127, dürfte die relative Chronologie »der Reihenfolge der Schriften des *Organon* entsprochen haben. Die selbständigen Traktate sind am ehesten in einer späteren Phase der Arbeit vorstellbar.«

11 Beginnend mit der ›Einführung in die Arithmetik‹ *(De institutione arithmetica)*, eine geraffte Bearbeitung der *Arithmetikē Eisagogē* des Nikomachos von Gerasa, mit der er das von ihm so titulierte *Quadruvium* mit Schriften zu den vier Künsten Arithmetik, Musik, Geometrie und Astronomie eröffnet. Einzig *De institutione musica* ist erhalten, die Schriften zu Geometrie und Astronomie sind Fragment bzw. verloren.

12 (I.) Übersetzungen zu Porphyrios' *Isagoge*, zu Aristoteles' *Kategorien*, *Peri hermēneias*, *Ersten Analytiken* (in zwei Fassungen), *Topik*, *Elenchi sophistici*; (II.) Kommentare (mitunter in zwei Fassungen) zu Porphyrios' *Isagoge* (1./2. Ed.), zu Aristoteles' *Kategorien*, *Peri hermēneias* (1./2. Ed.), zu Ciceros *Topik*. Nicht erhalten sind die Kommentare zu Aristoteles' *Ersten Analytiken* und *Topik*. Daneben treten die eigenständigen Abhandlungen *De syllogismo categorico, Introductio ad syllogismos categoricos, De divisione, De hypoteticis syllogismis, De differentiis topicis*. Einzig sicher datierbar ist der Kategorienkommentar in seinem Konsulatsjahr 510.

13 Traktat I: *Quomodo Trinitas unus Deus ac non tres dii* (Auf welche Weise die Trinität ein Gott ist und nicht drei Götter) – auch bezeichnet als *De Trinitate*; Traktat II: *Utrum Pater et Filius et Spiritus Sanctus de divinitate substantialiter praedicentur* (Ob Vater, Sohn und Heiliger Geist von der Gottheit auf substantielle Weise ausgesagt werden); die sog. Schrift *De Hebdomadibus* = Traktat III: *Quomodo substantiae in eo quod sint bonae sint, cum non sint substantialia bona* (Wie Substanzen, in dem was sie sind, gut sein können, obgleich sie keine substantiellen Güter sind); der in seiner Echtheit umstrittene Traktat IV: *De fide catholica* (Über den katholischen Glauben); Traktat V: *Liber contra Eutychen et Nestorium* (Gegen Eutyches und Nestorius) – auch überliefert als *De duabus naturis*. Zusammenfassungen der einzelnen Werke bietet Joachim Söder unter den jeweiligen Titeln in: *Lexikon der theologischen Werke*, Stuttgart 2003, S. 130 f. (Trakt. V), 164 f. (Trakt. IV), 615 f. (Trakt. III/I), 775 (Trakt. II).

Tröstung vertraut, nehmen die *Opuscula sacra* mit starken inhaltlichen Bezügen zur christlichen Offenbarung eine Sonderstellung ein. Mit dem Nachweis ihrer Authentizität als Schriften aus boethianischer Hand stand in der Debatte um die christliche Überzeugung des Boethius zumindest seine Kompetenz in wesentlichen Fragen des christlichen Dogmas nicht mehr in Frage.[14] Bei genauerem Hinsehen wird deutlich, dass Boethius auch im überwiegenden Teil der theologischen Schriften seiner Denkfigur treu bleibt, indem er versucht, den Gehalt offenbarungstheologischer Aussagen auf Basis einer rationalen Argumentation zu analysieren und so deren Wahrheit unter philosophischer Maßgabe nachzuvollziehen. Nicht zuletzt deswegen waren seine theologischen Werke im Mittelalter von autoritativer Geltung und wurden durch ihre definitorischen Bestimmungen und Begriffsbildungen zusammen mit den Lehrschriften »eine der wichtigsten Grundlagen der Scholastik und der Wissenschaft des Mittelalters überhaupt«.[15] Die Transformationsleistung an der Schnittstelle von

---

[14] Die radikalsten Positionen der Diskussion sprachen Boethius das Christsein und mithin die Autorenschaft der theologischen Traktate schlichtweg ab. Eine unzutreffende Paganisierung, wie sich durch das sog. *Anectodon Holderi* herausstellte. In diesem (von Alfred Holder 1860 entdeckten und 1877 von Hermann Usener edierten) Cassiodorfragment, werden neben dem Trinitätstraktat und der Antinestorianischen Schrift noch weitere »capita quaedam dogmatica« von Boethius erwähnt (S. $4^{14ff.}$), womit seine Autorenschaft theologischer Schriften zweifelsfrei bestätigt wurde, vgl. Alain Galonnier, *Anecdoton Holderi ou Ordo generis Cassiodororum. Éléments pour une étude de l'authenticité Boécienne des Opuscula sacra* (PhMed 35), Louvain-La-Neuve 1997; Michel Lambert, »Nouveaux éléments pour une étude de l'authenticité boécienne des *Opuscula sacra*«, in: Alain Galonnier (Hg.), *Boèce ou la chaîne des savoirs*, a. a. O., S. 171–191. Nicht nur angesichts des literarischen Quellenbefundes, auch im Blick auf die Zeitumstände seines Lebens ist das Christsein des Boethius mehr als nur plausibel, waren doch seit 416 n. Chr. Christen vorbehaltene Staatsämter verbrieftes Recht (*Cod. Theod.* 16, 10, 21). Zudem ist das Christentum sowohl in der Ursprungsfamilie der *Anicier*, wie auch in der Adoptivfamilie des Symmachus nachweisbar. Die Frage nach der Tragfähigkeit seines persönlichen Bekenntnisses als Christ im Verhältnis zu seinen philosophischen Überzeugungen bleibt davon freilich unberührt und wird kontrovers diskutiert, vgl. dazu Peter Kunzmann, »Boethius und das Dilemma christlicher Philosophie«, in: Gerhard Leibold / Winfried Löffler (Hg.), *Entwicklungslinien mittelalterlicher Philosophie 2* (SÖGPh 3), Wien 1999, S. 36–49; John Marenbon, »Boethius and the problem of paganism«, in: *ACPhQ* 78 (2004), 2, S. 329–348.

[15] Friedrich Wotke, »Boethius«, in: *RAC*, Bd. 2 (1954), S. 483. Werner Beierwaltes weitet die »scholastische« Tragweite des Boethius im Blick auf seine Orien-

Antike und Mittelalter ist in ihrer Bedeutung über viele Jahrhunderte kaum zu überschätzen.

1.2 Der literarische Rahmen: die *Opuscula sacra/theologica*

Überliefert wurde die Schrift zur Frage der Gutheit von Substanzen, im Anschluss an die beiden Abhandlungen des Boethius zu trinitarischen Fragen, als dritter Traktat seiner theologischen Schriften, den sog. *Opuscula sacra.*[16] Innerhalb dieser Sammlung von fünf Beiträgen, die sich größtenteils offenbarungstheologischen Themen widmen, nimmt der dritte Traktat *Quomodo substantiae* in seiner inhaltlichen Orientierung und literarischen Gestalt eine Sonderstellung ein.[17] Während in den Traktaten I und II trinitätstheologische Fragestellungen unter Bezugnahme auf Augustinus vor allem mit den Mitteln philosophischer Logik aristotelischer Provenienz *via rationis* verhandelt werden und diese Methodik bei Boethius auch zur Klärung der christologischen Streitigkeiten im V. Traktat *(Liber contra Eutychen et Nestorium)* Anwendung findet, ist der III. Traktat ein Lehrstück philosophischer Theologie. Zwar lässt sich ein Zusammenhang mit den trinitätstheologischen Traktaten nicht nur über einige sprachliche Besonderheiten und Stilmittel, sondern auch über inhaltliche Berüh-

---

tierung an der platonischen Tradition, vgl. »Trost im Begriff. Zu Boethius' Hymnus »O qui perpetua mundum ratione gubernas««, in: Ders. (Hg.): *Denken des Einen*, Frankfurt 1985, S. 319–336.

16 Zum historischen Anlass der theologischen Streitigkeiten in der Rezeption des Konzils von Chalcedon (451) vgl. Viktor Schurr, *Die Trinitätslehre des Boethius im Licht der ›skythischen Kontroversen‹* (FChLDG 18,1), Paderborn 1935, S. 105–227; Matthias Lutz-Bachmann, *Das Verhältnis von Philosophie und Theologie in den ›Opuscula Sacra‹ des A. M. S. Boethius*, Münster 1983; Alain Galonnier (Hg.), *Opuscula Sacra*, Bd. 1, a. a. O., S. 100–115; zu den *Opuscula Sacra* allgemein: Henry Chadwick, *Boethius*, a. a. O., S. 174–222; John Marenbon, *Boethius*, a. a. O., S. 66–95; Claudio Moreschini, »Filosofia pagana e teologia cristiana negli ›Opuscula Theologica‹ di Boezio«, in: Ders. (Hg.), *Varia Boethiana*, a. a. O., S. 47–76.

17 Maëul J. Cappuyns, »Boèce«, in: *DHGE*, Bd. 9, S. 372, hielt ihre Sammlung schon durch die Hand des Boethius für wahrscheinlich und datiert die Kollektion um 520. Die Diskussion um die Echtheit des IV. Traktats *(De fide catholica)*, in dem die Fundamente der Heilsgeschichte referiert werden, soll hier nur erwähnt werden; vgl. Henry Chadwick: »The authenticity of Boethius' fourth tractate ›De fide catholica‹«, in: *JThS* n.s. 31 (1980), S. 551–556.

rungspunkte und die Adressaten herstellen.[18] Ob deswegen der Traktat III, wie für Traktat II durchaus plausibel, lediglich als erweiternde Erläuterungen des trinitätstheologischen I. Traktats gelten kann, erscheint fraglich.[19] Denn Boethius bezieht sich in seinem III. Traktat dezidiert auf eine gewisse Frage aus seinen *Hebdomaden*-Schriften und bietet weder Reminiszenzen zum trinitarischen Dogma, noch thematisiert er andere naheliegende Zusammenhänge, z.B. den christlichen Schöpfungsglauben. Hinzu kommen begriffliche Eigentümlichkeiten, die Besonderheiten der axiomatischen Methode und das quaestionale Format, welche die Abhandlung *Quomodo substantiae* als eigenständig kennzeichnen. In gewisser Weise ist Boethius nur konsequent, wenn er seine in den anderen theologischen Schriften geübte programmatische Methode, welche in streng rationaler Reflexion den Weg aus dem Widerstreit theologischer Autoritäten sucht, auch zur Lösung der philosophischen Fragestellung des III. Traktats anwendet.[20]

---

[18] Zu Übereinstimmungen und Unterschieden zwischen den Traktaten I, II, und III vgl. Viktor Schurr, *Die Trinitätslehre des Boethius im Lichte der ›skythischen Kontroversen‹* (FChLDG 18,1), Paderborn 1935, S. 76–77, 100–104; Stephanie Vesper, »Christliche Emanationslehre und Trinität in den Traktaten ›De Hebdomadibus‹ und ›De Trinitate‹ I und II des Boethius«, in: *Internetressource* http: // www.hottopos.com/convenit5/04.htm; Axel Tisserand (Hg.), *Boèce. Traités théologiques* (GF), Paris 2000, S. 248–250.

[19] Vgl. John Mair, »The Text of the ›Opuscula sacra‹«, in: Margaret Gibson (Hg.), *Boethius*, a. a. O., S. 207.

[20] Die im Trinitätstraktat geäußerten Paradigmen, auf philosophischer Basis eine Untersuchung auch in theologischen Fragen soweit voranzubringen, wie die Einsicht des menschlichen Verstandes nur eben trägt, bilden die durchgängigen Leitlinien aller theologischen Traktate, vgl. *De Trin.* (tract. I), praef. (ed. Moreschini, S. $166^{16f.}$): »ex intimis sumpta philosophis disciplinis«; ebd. (S. 166^{21-23}): »tantum a nobis quaeri oportet quantum humanae rationis intuitus ad divinitatis valet celsa conscendere«. Ebenso *De Trin.* (tract. I), c. 6 (ed. Moreschini, S. $180^{354-356}$): »Nos vero nulla imaginatione diduci sed simplici intellectu erigi et ut quidque intellegi potest ita aggredi etiam intellectu oportet.« *Utrum pater* (*tract.* II), c. 4 (ed. Moreschini, S. 185^{67}): »fidem, si poteris, rationemque coniunge.«

1.3 Der III. Traktat der theologischen Schriften: *De Hebdomadibus*

Der dritte Traktat der *Opsucula theologica* wird in der Überlieferung auch als *De Hebdomadibus* bzw. Axiomenschrift tituliert.[21] Boethius nimmt sich darin der Frage an, auf welche Weise Substanzen gut sein können, wenn ihnen doch keine substantiellen Gutheit – wie dem ersten Guten – eigen ist. Ausgehend von methodischen und epistemologischen Festlegungen, die eine Anzahl ontologischer Axiome einleiten, erörtert er die Frage durch den Aufriss einer neuplatonisch orientierten Ontologie. Im Kern der Abhandlung steht die Frage der Ursprungsbeziehung des Seienden, die Boethius im Rückgriff auf den platonischen Gedanken der Teilhabe bestimmt. Obwohl durch die Teilhabe am ersten Guten naheliegend, thematisiert Boethius – in strenger Betonung der Differenz von *primum esse* bzw. *primum bonum* und dem Seienden – in seinem Traktat III den verwandten Gedanken von der Gottähnlichkeit des Menschen nicht, welcher in den Begriffen von *homoiosis theo* bzw. *theosis* oder *deus fieri* in der griechischen wie lateinischen Tradition verankert war.[22] Wie die platonisch orientierte *Consolatio Philosophiae* zeigt, war er mit diesem Konzept durchaus vertraut.[23] Abgesehen vom Axiom VI unterliegt der Partizipationsgedanke vielmehr einer »eigenartigen Einengung«[24]

---

21 Vgl. Gangolf Schrimpf, *Die Axiomenschrift des Boethius (De Hebdomadibus) als philosophisches Lehrbuch des Mittelalters* (SPAMP 2), Leiden 1966, S. 1–34; Claudio Micaelli, »Il *De Hebdomadibus* di Boezio nel panorama del pensiero tardo-antico«, in: Alain Galonnier (Hg.), *Boèce ou la chaîne des savoirs*, a. a. O., S. 33–53; Alain Galonnier (Hg.), *Opuscula Sacra*, Bd. 1, a. a. O., S. 285–348.

22 Das ganze Spektrum des Teilhabedenkens entfaltet Winfried Weier, *Sinn und Teilhabe* (SSPh), Salzburg 1970. Zum antiken Gedanken des Gott-ähnlich-Werdens *(homoiosis)* vgl. Werner Beierwaltes, »Das Eine als Norm des Lebens«, in: Theo Kobusch / Michael Erler (Hg.), *Metaphysik und Religion*, a. a. O., S. 121–151, besonders S. 138–145.

23 Lediglich in der beiläufigen Formulierung von einer »*praesentia primi boni*« (*Quomodo substantiae* (tract. III), c. 4 (ed. Moreschini, S. 190[82f.])) werden die entsprechenden platonischen Begriffe der κοινωνία bzw. παρουσία berührt; vgl. den Begriff des *consimilis deo* in *De Cons. Philos.* 1, 4, 39 (und weitere Bezüge 2, 5, 26; 3, 10, 23; 4, 3, 10), dazu Joachim Gruber, *Kommentar zu Boethius*, a. a. O., S. 135 f. und Claudio Moreschini, »Boezio e la tradizione del neoplatonismo latino«, in: Ders. (Hg.), *Varia Boethiana*, a. a. O., S. 22 f.; Claudio Moreschini, »Neoplatonismo e cristianesimo. ›Partecipare a Dio‹ secondo Boezio e Agostino«, in: Ders. (Hg.), *Varia Boethiana*, a. a. O., S. 31–46.

24 Gangolf Schrimpf, *Die Axiomenschrift des Boethius*, a. a. O., S. 25.

und erfährt eine Überformung durch ein neuplatonisch-emanatives Konzept unter Einschluss der Willensthematik. Sprachlich bedient sich Boethius, an die Exaktheit mathematischer Methodik angelehnt, eines geradezu technisch anmutenden Stils mit entsprechender Fachterminologie.[25] Verständnisschwierigkeiten, die sich aufgrund dessen im Verlauf der Wirkungsgeschichte ergeben haben, spiegeln sich in zahlreichen Varianten der handschriftlichen Überlieferung einerseits und der Kommentartradition andererseits wider.

1.3.1 Adressatenfrage, Problematik von Titel und literarischer Vorlage

Der Adressat der Schrift wird im Text selbst nicht genannt. Der bereits in den ältesten Handschriften belegte Überschriftzusatz *(item eiusdem ad eiundem)* wird als Verweis auf den vorangehenden II. Traktat verstanden, womit sowohl die Verfasserschaft des Boethius als auch sein Adressat bestimmt sind.[26] Dieser wird dort als ein Diakon der römischen Kirche mit Namen Johannes genannt.[27] Der christologische V. Traktat verzeichnet ebenfalls eine an ihn gerichtete Widmung. Insgesamt lassen die drei ihm gewidmeten Traktate auf ein vertrautes Verhältnis schließen, das auch die Diskussion und gegebenenfalls Korrektur, sowie Sammlung der boethianischen Schriften mit einschloss.[28] Angesichts der verhandelten Fragen ist dazu bei Johannes ein gehobenes Bildungsniveau vorauszusetzen. Möglicherweise ist der Traktat III über den Einzeladressaten hinaus an einen philosophisch

---

[25] Die Feststellung von Claudio Moreschini, »Filosofia pagana e teologia cristiana negli ›opuscula theologica‹ di Boezio«, in: Ders. (Hg.), *Varia Boethiana*, a. a. O., S. 63, dass sich in den *Opuscula sacra* im Verhältnis zur *Consolatio* ein eigenartig technisierter Sprachgebrauch (›tecnicità del linguaggio‹) niederschlage, gilt insbesondere für den III. Traktat.

[26] Vgl. ed. Moreschini, S. 186. Bereits in der sog. *Schulglosse* und dem Kommentar Gilberts (s. u.) ist diese Verbindung zu Iohannes Diaconus etabliert.

[27] Die von Stephan Ch. Kessler, »Johannes I. von Rom«, in: *LACL*[3] (2002), S. 398 und anderen behauptete Identität des Boethius-Adressaten mit dem gleichnamigen Papst Johannes I. (523–526) entbehrt einer sicheren Beweisgrundlage. Bereits Martin Grabmann, *Geschichte der scholastischen Methode*, Bd. 1, Freiburg i. Br. 1909, S. 163 Anm. 1, hatte diese Gleichsetzung vollzogen.

[28] Vgl. *Utrum pater* (tract. II), c. 4 (ed. Moreschini, S. 185$^{64-67}$); *Contra Eutychen* (tract. V), praef. bzw. c. 8 (ed. Moreschini, S. 208$^{43-49}$ bzw. S. 241$^{771-774}$).

geschulten Kreis gerichtet, für den der Diakon Johannes stellvertretend um Erläuterung bat.[29]

Entsprechend seiner einleitenden Formulierungen versteht Boethius seine Darstellung als vertiefende Erklärung von Äußerungen aus seinen sog. *Hebdomaden*-Schriften, die seinem Adressaten bekannt und Anlass der Erläuterungsbitte waren.[30] Obwohl Boethius einleitend die Fragestellung den eigenen *Hebdomaden* zuordnet *(ex ebdomadibus nostris)*, lässt sich streng genommen nicht sicher sagen, ob damit Werke aus eigener Hand oder Schriften in seinem Besitz bezeichnet werden, denn weder die explizit genannte Ausgangsfrage noch einzelne Axiome oder Textteile lassen sich im uns bekannten Werk des Boethius ausfindig machen. Die in der Literatur mit dem Begriff der *Hebdomaden* verbundenen Assoziationen sind zahlreich, aber letztlich nicht eindeutig verifizierbar.[31] Immerhin bietet die Feststellung des Boethius, dass er sich auch selbst mit den *Hebdomaden* eingehend beschäftigt, einen Hinweis auf eine anhaltende Auseinandersetzung mit dem Text.[32] Inhaltlich wie auch hinsichtlich ihres bibliographischen Kontexts sind die sog. *Hebdomaden*-Schriften gegenwärtig nicht zweifelsfrei identifizierbar.

---

[29] Einen Hinweis darauf gibt die Formulierung in *Quomodo substantiae* praef. (ed. Moreschini, S. 186^{4-7}): »idque eo dicis esse faciendum, quod non sit omnibus notum iter huiusmodi scriptionum.«

[30] Vgl. *Quomodo substantiae* (tract. III), praef.

[31] Vgl. u. a. Henry Chadwick, *Boethius*, a. a. O., S. 203 ff.; Alain Gallonier (Hg.), *Opuscula Sacra*, Bd. 1, a. a. O., S. 297–398. Die Assoziation mit der Siebenzahl reicht in der Literatur u. a. von einem wöchentlichen Zirkel über ein entsprechendes (Wochen-)Tagebuch bis hin zu einer in sieben Kapitel eingeteilten Abhandlung. Auch eine Gliederung in 7 Axiome oder nach dem Schöpfungswerk wurde erwogen, vgl. Janice L. Schutz / Edward A. Synan, *St. Thomas Aquinas: An Exposition of the ›On the Hebdomads‹ of Boethius*, Washington 2001, S. xxxiv–xxxii. Ein anderer Zugang ergibt sich über eine inhaltliche Bezugnahme auf die proklischen Hebdomaden (*Plat. Theol.* V 2 u. 4) bzw. die neupythagoreische Zahlenlehre, vgl. dazu Dominic J. O'Meara, *Pythagoras Revived*, Oxford 1989, S. 210 f. und Sarah Pessin, »Hebdomads. Boethius Meets the Neopythagoreans«, in: *JHP* 37 (1999), S. 29–48.

[32] *Quomodo substantiae* (tract. III), praef. (ed. Moreschini $186^{7f.}$): »Hebdomadas vero ego mihi ipse commentor«.

1.3.2 Literarische Form und inhaltliche Gliederung

Indem Boethius zu Beginn der Schrift erkennen lässt, dass er der Aufforderung Folge leistet, eine Frage aus den *Hebdomaden* zu klären, darf die Abhandlung als Kleinform eines Kommentars in Form eines eigenständigen Scholions verstanden werden.[33] Allerdings geht Boethius, abgesehen von der eröffnenden Fragestellung, im Verlauf des Textes in keiner für uns erkennbaren Weise auf die entsprechende Vorlage ein, etwa in Form von Zitaten, Paraphrasen oder Verweisen. Auffallend ist indes die mehrfache Bestimmung des kommentierten Sachverhalts als *Quaestio.* Im Unterschied zu einer eher allgemeinen Verwendung dieses Terminus in den anderen theologischen Traktaten, scheint Boethius im III. Traktat darunter einen Begriff zu verstehen, mit dem er seine Abhandlung näher qualifiziert.[34] Erkennbar wird dies zum einen an der Tatsache, dass er den Begriff jeweils an den Schlüsselstellen der Argumentation verwendet und seine Abhandlung dadurch strukturiert. Zum anderen spiegeln diese Struktureinheiten im Kern jene Elemente, die in der mittelalterlichen Quaestionen-Literatur zur vollen Blüte kommen: Einleitende Darlegung der Fragestellung, Präzisierung des zweifelhaften Sachverhalts durch vertiefende Argumente (evtl. Gegenmeinungen), eigenständige Klärung der Fragestellung, Entkräftung von Einwänden.[35] Diese Einteilung integriert Boethius in die Stilelemente der klassischen Rhetorik: Redeeinleitung *(exordium)*, Darstellung des Sachverhalts *(narratio)* und dessen Präzisierung *(propositio bzw. partitio)*, Beweisführung *(argu-*

---

[33] Bei Hartmut Erbse / Detlev Fehling, »Scholien«, in: *LAW* (1965), S. 2723, werden Scholien im umfassenden Sinn als »antike Erklärungen schwieriger Textpartien« bestimmt, die »je nach Umfang in besonderen Kommentaren niedergelegt« sein können; vgl. Therese Fuhrer, Art. »Scholion«, in: *LACL*³ (2002), S. 623. Für einen Brief, wie von Gangolf Schrimpf, *Die Axiomenschrift des Boethius*, a. a. O., S. 1 in Bezug auf Umberto Degl'Innocenti »Nota al ›De hebdomadibus‹ di Boezio«, in: *DT*, Ser. III, 42 (1939), S. 397–399 referiert, fehlen wesentliche formale Merkmale.

[34] Die Theoriebildung einer quaestionalen Methode bei Boethius zeigt v. a. anhand dessen Beschäftigung mit der Topik Peter Boschung, »Boethius and the early medieval Quaestio«, in: *RTPM* 71 (2004), 2, S. 233–259.

[35] Vgl. Mechthild Dreyer, »Quaestio«, in: *LThK*³, Bd. 8 (1999), Sp. 753–754. Zur antiken Vorgeschichte der *Quaestio* mit Verweis auf *De Hebdomadibus* vgl. Pierre Hadot, »La préhistoire des genres littéraires philosophiques médiévaux dans l'Antiquité«, in: Robert Bultot (Hg.), *Les genres littéraires*, Louvain 1982, S. 1–9.

mentatio) in positiver *(probatio)* und Einwände negierender Weise *(refutatio)*, sowie Abschluss *(peroratio)*.[36] Gemäß dieser Synthese rhetorischer und quaestionaler Strukturmerkmale ergibt sich folgende Grundordnung der Schrift (Zeilennummern nach ed. Moreschini):

1. Einleitung (1–16 »*Postulas ut … sequuntur efficiam*«): Die Vorbemerkungen zum Anlass der Abhandlung, ihrer Intention und methodischer Maßgabe werden gerahmt von der Ausgangsfrage (die diesbezügliche Titulierung stammt womöglich von editorischer Hand)[37] und dem Hinweis auf die mathematisch orientierten, anschließenden axiomatischen Regularien als Ausgangspunkt der Argumentation *(termini, regulae)*. In persönlich gehaltenem Stil lehnt sich Boethius eng an die Formelemente für ein Proömium an.[38] So dient die an platonische Esoterik erinnernde Verklausulierung des Sachverhalts mit der Kontrastierung von anmaßender Dummheit vieler und wahrem Wissensdurst einzelner, die Boethius auch in anderen Schriften der *Opuscula sacra* einfließen lässt, nicht zuletzt der *Captatio benevolentiae*, sowie der Steigerung von Aufmerksamkeit und Lernbereitschaft.[39]

2. Festlegung der argumentativen Ausgangsbasis durch axiomatische Bestimmungen (17–48 »*Communis animi conceptio … aptabitur*

[36] Vgl. Hildebrecht Hommel / Konrat Ziegler, »Rhetorik«, in: *DKP*, Bd. 4, S. 1396–1413; Edmund Reiss, *Boethius*, a. a. O., 132f., sieht diese rhetorische Ordnung auch in den 5 Büchern der *Consolatio Philosophiae* zugrundeliegen. Eine Gliederung des Beweisgangs nach der proklischen Exegese des ersten Buchs von Euklids *Elementa* betreibt Alain Galonnier, »›Axiomatique‹ et théologie dans le *De Hebdomadibus* de Boèce«, in: Alain de Libera u. a. (Hg.), *Langages et philosophie*, Paris 1997, S. 311–330.

[37] Einige Handschriften führen keinen Titel, vgl. Henry Chadwick, *Boethius*, a. a. O., S. 204 und Luca Obertellos Anmerkungen zur Überschrift in seiner Übersetzung, *La consolazione della filosofia – Gli opuscoli teologici* (I classici del pensiero), Milano 1979, S. 379.

[38] Boethius folgt hierbei in Grundzügen den aristotelischen Vorgaben zur Redeeinleitung, vgl. Aristoteles, *Rhetorica* III, 14, 2–5 und weist in den Formulierungen augenscheinliche Parallelen zu Ciceros *Topica* I auf.

[39] Vgl. *De Trin.* (tract. I), praef.; *Contra Eutychen* (tract. V), praef.; bemerkenswert ist die Affinität zur Polemik gegen die ungeschützte Weitergabe platonischer Wahrheiten an Unwürdige im proklischen Parmenideskommentar. Hintergründe zur platonischen Esoterik mit einer wichtigen Differenzierung in »machtbezogene Geheimhaltung« und »sachbezogene Esoterik« bietet Thomas A. Szlezák, *Platon Lesen* (legenda 1), Stuttgart-Bad Cannstatt 1993, S. 152–155.

argumentis«). Den Status der axiomatischen Sätze und ihrer Begrifflichkeit bestimmt Boethius vorab durch die epistemologische Definition einer Auffassungsweise, die dem menschlichen Geist gemein ist *(conceptio communis animi)*.[40] Die darin bestimmte und anhand von Beispielen differenzierte unmittelbare Evidenz von Sätzen bzw. entsprechender Sachverhalte erstreckt sich in ihrer Geltung auf die nachfolgenden Axiome, bei denen formale und inhaltliche Ähnlichkeiten zu anderen Autoren auszumachen sind.[41] Im Kern der Axiomatik und der darauf aufbauenden Auseinandersetzung mit der Fragestellung steht die boethianische Konzeption ontologischer Differenzierungen. Im Axiom II nimmt er eine grundlegende Unterscheidung vor zwischen dem Sein als solchem, das noch nicht ist *(ipsum esse nondum est)* und dem, was ist *(id quod est)*, nämlich durch Übernahme bzw. Empfang einer bestimmten Form des Seienden *(forma essendi)*. Weitere Unterscheidungen werden zunächst in den folgenden Axiomen u. a. hinsichtlich der Aspekte von Teilhabe (III/VI), Beimengung (IV), von Akzidenz und Substanz (V) getroffen, sowie durch Einfachheit (VII) bzw. Zusammensetzung (VIII) näher bestimmt, ehe in einem letzten Axiom (IX) das Verhältnis des Strebenden zum Erstrebten durch die naturgemäße Ähnlichkeit *(similitudo)* begründet wird. Neben der exakten inhaltlichen Bestimmung der einzelnen Axiome in ihrer Begrifflichkeit wird in den Interpretationen v. a. ihre innere Zuordnung problematisiert.

3. Eröffnung des quaestionalen Verfahrens durch Erörterung der Fragestellung (49–76 »*Quaestio vero … igitur sunt bona*«): Alles, was

---

40 In den meisten Ausgaben als Axiom I gezählt. Die Bezifferung differiert mitunter. Zum Begriff der *conceptio communis* vgl. Gillian R. Evans, »›Communis animi conceptio‹. The Self-evident Statement«, in: *ALMA* 41 (1977/78), S. 123–126; Peter von Moos, »›Was allen oder den meisten oder Sachkundigen richtig scheint‹. Über das Fortleben des ἔνδοξον im Mittelalter«, in: Burkhard Mojsisch (Hg.), *Historia philosophiae medii aevi*. Studien zur Geschichte der Philosophie des Mittelalters / FS Kurt Flasch, Amsterdam u. a. 1991, S. 711–744; Ders., »Die angesehene Meinung. Studien zum endoxon im Mittelalter«, in: *FZPhTh* 45 (1998), 3, S. 343–380.

41 Matthias Elsässer (Hg.), *Die Theologischen Traktate* (PhB 397), Hamburg 1988, S. 122: »Der Form nach erinnern diese neun kurzgefassten philosophischen Thesen an die Kopfsätze der einzelnen Abschnitte der Elementatio theologica des Proklos. Sachlich stimmen sie u. a. mit bestimmten Passagen dieses Werks und des mutmaßlichen Parmenides-Kommentars des Porphyrios überein.«

ist, ist gut *(ea quae sunt bona sunt)*. Diese fundamentale Voraussetzung ist zum einen im allgemeinen Streben nach dem Guten, zum anderen in der Weise des Ähnlichkeitsstrebens ersichtlich. In diesen reziproken Grundannahmen von allgemein akzeptierter Geltung wird der Rahmen der Fragestellung umrissen. Durch die Formulierung der Fragestellung in Bezug auf zwei alternative Weisen dieses Gutseins *(quemadmodum bona sint, utrumne participatione an substantia)* konkretisiert Boethius den zweifelhaften Gehalt der Problematik. Eine weitere Vertiefung des Zweifelsfalles ergibt sich durch die Darstellung der alternativen Lösungswege, denn sowohl die akzidentell-partizipative als auch die substantielle Begründungsfigur führen in Widersprüchlichkeiten, entweder zu den Grundannahmen bzgl. der Gutheit oder pantheistischer Art. Das aus diesen Aporien resultierende Dilemma leitet über zu einer gründlicheren Reflexion der Fragestellung.

4. Präsentation der Lösung (77–118 »*Huic quaestioni … tunc enim in eo*«): Zur Fundierung seiner Lösung verweist Boethius auf die Möglichkeit gedanklicher Separation. In diesem Zusammenhang betrachtet er die Grundannahme, dass alles, was ist, gut ist, in einem gedanklichen Experiment unter Absehung vom *primum bonum.* Würde entsprechend dieser hypothetischen Annahme, die Qualifikation, dass etwas gut ist, als eine Beschaffenheit neben anderen gedacht, wäre ein Unterschied zwischen dem Sein der Dinge und ihrem akzidentellen Gutsein zu konstatieren *(eis aliud esset esse, aliud bonis esse)*. Würde das Gutsein in den Dingen jedoch absolut gesetzt, so dass sie nichts anderes wären als gut, ergäbe sich letztlich eine ununterscheidbare Aufhebung der Pluralität in Einfachheit und damit Gleichsetzung mit dem ersten Guten – eine naturwidrige Überlegung. So fordert gerade die unumstößliche Tatsache, dass alles, was ist, nicht einfach, sondern zusammengesetzt ist, in den Augen des Boethius denknotwendig ein Ursprungsverhältnis, das die Dinge in ihrem Sein begründet. Hierin liegt die boethianische Antwort auf die Frage. Auch wenn die Dinge nicht substantiell gut sind wie das erste Gute, so sind sie doch deswegen gut, weil das einzig und allein Gute gewollt hat, dass sie sind und sie dessen Willensentschluss entflossen sind *(Quae quoniam non sunt simplicia nec esse omnino poterant nisi ea id quod solum bonum est esse voluisset. Idcirco quoniam esse eorum a boni voluntate defluxit bona esse dicuntur)*.[42] Erst aufgrund dieses Begrün-

[42] Die Willensthematik wurde in der axiomatischen Grundlegung, die als aus-

dungsverhältnisses sind die sekundären Güter gut in dem, was sie sind. Es ist bemerkenswert, dass Boethius an der entscheidenden Stelle seiner Lösung den Begriff der Teilhabe nirgends explizit verwendet. Die Ursprungsbeziehung stellt er vielmehr durch die Verwendung der bildlichen Begrifflichkeit des Fließens *(fluere, defluere)* in den Kontext emanativer Vorstellungen *(ipsum esse omnium rerum ex eo fluxit quod est primum bonum et quod bonum tale est ut recte dicatur in eo quod est esse bonum).*[43]

5. Vertiefung des Lösungsansatzes und Widerlegung von Einwänden (119–164 »*Qua in re soluta … omnia bona*«): Das Sein der Dinge kann auf Basis des Ursprungsverhältnisses also als gut bezeichnet werden und weist dennoch aufgrund dieser bedingten Ursprünglichkeit eine bleibende Differenz zu jenem ersten Sein und Gutem als seinem Ursprung auf *(Sed quoniam non potest esse ipsum esse rerum nisi a primo esse defluxerit id est bono, idcirco ipsum esse bonum est nec est simile ei a quo est).* In einem kurzen Rekurs auf das separative Gedankenexperiment hält Boethius fest, dass die wirkliche Existenz der Dinge unlöslich an die Hervorbringung durch das wahrhaft Gute geknüpft ist *(actu non potuere existere, nisi illud ea quod vere bonum est produxisset),* bei dem allein Sein und Gutsein ein und dasselbe ist *(illud ipsum bonum primum est et ipsum esse sit et ipsum bonum et ipsum esse bonum).*[44] Ein erster Einwand gegen die Lösung resultiert aus der Gleichsetzung von ›gut‹ und ›weiß‹ und überträgt die Begründungsfigur, dass das Sein der Dinge in dem, was es ist, gut genannt wird, weil es als solches willentlich vom Guten verursacht ist, auf weiße Dinge. Auch sie müssten substantiell weiß sein, da sie ja ebenfalls als Weiße dem Willen Gottes entflossen sind. Die Entkräftung des Einwands ergibt sich durch den Unterschied zwischen ›sein‹ und

---

reichend für die Argumentation bezeichnet wurde *(Sufficiunt igitur quae praemisimus)* allerdings nicht berührt.

[43] Zum Emanationsgedanken vgl. Stephanie Vesper, »Christliche Emanationslehre und Trinität in den Traktaten ›De Hebdomadibus‹ und ›De Trinitate‹ I und II des Boethius«, in: *Internetressource* http://www.hottopos.com/convenit5/04.htm.

[44] In der Gleichsetzung von Gutheit und Sein im Ursprungsprinzip folgt Boethius erkennbar augustinischen Spuren. Während in einigen neuplatonischen Richtungen die Transzendenz des Einen bzw. Guten bis an die Grenze des Denk- und Aussagbaren als »jenseits des Seins«, gar als »Nicht-Sein« geführt wurde, erfasst der augustinische Gottesbegriff die Identität von Gutheit und Sein in Gott als *ipsum esse, bonitas ipsa, summum bonum.*

›weiß sein‹. Da derselbe Ursprung, zwar wesentlich gut, aber eben nicht weiß ist, erklärt sich die Differenz von ›weiß‹ und ›gut‹ im Blick auf das Seiende. In diesem Einwand und seiner Entgegnung identifiziert Boethius jenen willentlichen Ursprung des ersten Guten mit dem Willen Gottes und wechselt in der Bezeichnung des Guten auch sprachlich vom Neutrum *bonum* zu *bonus*. Der zweite Einwand postuliert im Blick auf den willentlichen Ursprung, dass alles ebenso gerecht sein müsste wie gut, da ja auch in Gott eine Identität von ›gut‹ und ›gerecht‹ besteht. Zur Entkräftung kommt Boethius auf die Differenz von ›gut‹ als Wesensqualifikation und ›gerecht‹ als Handlungsqualifikation zu sprechen. Wenngleich in der Einfachheit des Ursprungs *esse* und *agere* identisch ist, fällt es doch für uns auseinander. Eine Unterscheidung, die auch in der generellen Geltung von ›gut‹ und der speziellen Bedeutung von ›gerecht‹ zum Tragen kommt. Weshalb einige gerecht, alle aber gut sind.

So kurz der Traktat ist, so lang ist die Liste der Interpreten, die sich mit seinem Inhalt auseinandergesetzt haben. Auf vielfältige Weise und mit disparaten Ergebnissen wurden die zahlreichen Implikationen und Aspekte der Abhandlung diskutiert.[45] Die mangelnde Eindeutig-

---

[45] Vgl. neben den Monographien zu Boethius, die Einführungen der jeweiligen Editionen bzw. Übersetzungen, sowie die Referenzen in den eigenständigen Studien u. a. von Pierre M. Duhem, *Le système du monde*, Bd. 5, Paris 1925, S. 285–316; Konrad Bruder, *Die philosophischen Elemente in den Opuscula Sacra des Boethius* (FGPP 3,2), Leipzig 1928, S. 73–75; Hermann J. Brosch, *Der Seinsbegriff bei Boethius* (PGW IV,1), Innsbruck 1931, S. 37–73; Gangolf Schrimpf, *Die Axiomenschrift des Boethius*, a. a. O., S. 3–35; Ingrid Craemer-Ruegenberg, *Die Substanzmetaphysik des Boethius in den opuscula sacra*, Köln 1969; Siobhan Nash-Marshall, *Participation and the Good. A Study in Boethian Metaphysics*, New York 2000 bzw. die Aufsätze von Pierre Hadot, »La distinction de l'être et de l'étant dans le ›De Hebdomadibus‹ de Boèce«, in: Paul Wilpert (Hg.), *Die Metaphysik des Mittelalters* (MM 2), Berlin 1963, S. 147–153; Ders., »Forma essendi. Interprétation philologique et interprétation philosophique d'une formule de Boèce«, in: *EtCl* 38 (1970), S. 143–156; Lambert M. de Rijk, »Boèce logicien et philosophe. Ses positions sémantiques et sa métaphysique de l'être«, in: Luca Obertello (Hg.), *Atti*, a. a. O., S. 141–156; Lambert M. De Rijk, »On Boethius's Notion of Being. A chapter of Boethian Semantics«, in: Norman Kretzmann (Hg.), *Meaning and inference in medieval philosophy.* (Synthese historical library 32), Dordrecht u. a. 1988, S. 1–29; Scott MacDonald, »Boethius' Claim That All Substances Are Good«, in: *AGPh* 70 (1988), 3, S. 245–279; Kevin Corrigan, »A New Source for the Distinction between *id quod est* and *esse* in Boethius' *De Hebdomadibus*«, in: *Studia Patristica* 18 (1990), 4, S. 133–138; Sarah Pessin, »Hebdomads: Boethius Meets the Neopythagoreans«, in: *JHP* 37

keit der Auslegungen resultiert nicht zuletzt aus dem Umstand, dass die boethianische Begrifflichkeit schon im Rahmen der *Opuscula sacra* mitunter kontextabhängig variiert, weshalb eine konsistente Deutung problematisch wird. Vor allem die Terminologie der Schlüsselbegriffe wie *substantia*, *forma*, *participatio* und Differenzierungen des boethianischen *esse*, *ipsum esse*, *esse aliquid* und *id quod est* hat, nicht zuletzt durch die mittelalterlichen Kommentare (s. u.), eine Fülle an Interpretationsvarianten und sprachlichen Überformungen hervorgerufen, welche die Erörterungen und Lesarten des Kommentars zu den *Hebdomaden* bis in die jüngste Zeit nachhaltig prägen.[46]

1.3.3 Quellenbezüge und Datierung

Auch ohne expliziten Rekurs des Boethius auf seine Vorlagen wurden in der *Hebdomaden*-Schrift zahlreiche Verbindungslinien, aber auch Kontrastierungen v. a. zu neuplatonischer Philosophie namhaft gemacht.[47] Über die darin stets mitschwingenden Kontexte platonischer bzw. aristotelischer Rezeption erweisen sich besonders Autoren wie Cicero, Plotin, Porphyrios, Proklos sowie Marius Victorinus und Au-

---

(1999), S. 29–48; Fiorella Magnano, »Essere ed esistenza nel pensiero di Severino Boezio«, in: *Aquinas* 50 (2007), 1, S. 83–105.

[46] Alain Galonnier (Hg.), *Opsucula sacra*, Bd. 1, a. a. O., S. 293 referiert unter Verweis auf die Arbeiten von Jean Paulus, *Henri de Gand. Essai sur les tendances des sa métaphysique* (EPhM 25), Paris 1938 und »Les disputes d'Henri de Gand et Gilles de Rome sur la distinction de l'essence et de l'existence«, in: *AHDL* 13 (1942), S. 323–358 eine dreigeteilte Rezeption durch eine Lesart der Philosophen, der Theologen und eine avicennisierende Lesart, mit jeweils unterschiedlichem Verständnis der Seinsbegriffe. Vgl. hierzu die tabellarischen Übersichten zu Interpretationen der axiomatischen Zusammenhänge und deren Verständnis in Mittelalter und Gegenwart, ebd., S. 317–348.

[47] Vgl. Claudio Moreschini, »Boezio e la tradizione del neoplatonismo latino«, in: Ders. (Hg.), *Varia Boethiana*, a. a. O., S. 7–30; Jean-Luc Solère, »Bien, cercles et hebdomades. Formes et raisonnements chez Boèce et Proclus«, in: Alain Galonnier (Hg.), *Boèce ou la chaîne des savoirs*, a. a. O., S. 55–110; Thomas Leinkauf, »Die Bestimmung des höchsten Prinzips als reines Sein – (Porphyrios), Victorinus, Boethius«, in: Theo Kobusch / Michael Erler (Hg.), *Metaphysik und Religion*, a. a. O., S. 63–97; Luca Obertello, »L'universo boeziano«, in: Ders. (Hg.), *Atti*, a. a. O., S. 157–168; Michael Elsässer (Hg.), *Die theologischen Traktate*, a. a. O., S. VII–XXX; Stephen Gersh, *Middle Platonism and Neoplatonism. The Latin Tradition*, Vol. 2 (PMS 23/2), Notre Dame 1986, S. 647–718; Henry Chadwick, *Boethius*, a. a. O., S. 203–211.

gustinus als Bezugspunkte.[48] Daneben steht die Abhandlung erkennbar in Zusammenhang mit Begriffen und der wissenschaftlichen Programmatik, wie sie insbesondere in den Trinitätsschriften der *Opuscula sacra* zum Ausdruck kamen. Der Rekurs auf die quaestionale Methode als Rahmen dialektischer Erörterung, die Boethius in Auseinandersetzung mit den topischen Schriften zu Aristoteles und Cicero dargelegt hat und im III. Traktat exerziert, macht eine damit zeitnah zusammenhängende Entstehung plausibel. Das gilt ebenso für die in den Arbeiten zur Topik des Aristoteles bzw. Ciceros und in seiner eigenständigen Abhandlung *De topicis differentiis* verhandelte Funktionsweise der *propositiones maximae*, jener selbstevidenten Ausgangspunkte, die entweder den Ausgangspunkt einer Argumentation bilden oder ihr von außen Stringenz verleihen.[49] Boethius nimmt sie unter erkenntnistheoretischer Perspektive als *conceptiones communes* in das Programm seiner *Hebdomaden*-Schrift auf. Zusätzlich gibt es hinsichtlich des neuplatonischen Gehalts der Abhandlung unübersehbare Anknüpfungspunkte zur Trostschrift, etwa hinsichtlich der Reflexion des *bonum*,[50] so dass eine Datierung des III. Traktats in die letzte Schaffensphase nach den topischen Abhandlungen und vor der in Haft verfassten *Consolatio* plausibel ist.[51]

---

[48] Die umfangreichsten Quellenbezüge finden sich bei Alain Galonnier (Hg.), *Opuscula sacra*, Bd. 1, a. a. O., S. 309–348, sowie in den Anmerkungen zu seiner Übersetzung ebd., S. 360–373.

[49] Vgl. *De differentiis topicis* II (PL 64, 1185A-B).

[50] Vgl. *De Cons. Philos.* 3,10 und 11 (u. a. auch in terminologischer Übereinstimmung bzgl. *conceptio communis, participatio, similitudo*) mit der Schlussfolgerung in Bezug auf die substantielle Gutheit Gottes in 3, 10, 43 (ed. Moreschini, S. 86): »Securo igitur concludere licet dei quoque in ipso bono nec usquam alio sitam esse substantiam.«

[51] Die bisherigen Datierungsvorschläge stehen in jeweiligem Zusammenhang mit der Frage nach der boethianischen Identifikation mit christlichen Überzeugungen, dem inneren Zusammenhang der *Opuscula sacra*, Stilempfinden bzw. philosophischen Affinitäten, die bei Boethius namhaft gemacht werden. Übersichten dazu bietet Luca Obertello, *Boezio* I, a. a. O., S. 331–342 und Alain Galonnier (Hg.), *Opuscula Sacra*, Bd. 1, a. a. O., S. 134.

1.4 Notizen zur mittelalterlichen Rezeption von *De Hebdomadibus*

Neben den höchst einflussreichen Lehrschriften und Kommentaren sowie der Trostschrift erfuhren die *Opuscula sacra* des Boethius im Mittelalter eine breite Rezeption.[52] Allerdings ist, von vereinzelt indirekten Boethius–Reminiszenzen abgesehen, eine explizite Beschäftigung mit den *Opuscula sacra* erst ab der sog. Karolingischen Renaissance nachweisbar.[53] Die *Hebdomaden*-Schrift selbst ist »etwa vom 9. Jh. bis ins 15. Jh. immer wieder als Schulbuch für das Philosophiestudium« nachweisbar.[54] Als erstes bedeutendes Zeugnis gilt dabei, neben vereinzelten Glossierungen,[55] eine in zahlreichen Handschriften verbreitete, interlinierte bzw. randnotierte sog. *Schulglosse* zu den theologischen Traktaten aus dem letzten Drittel des 9. Jh., die für spätere Kommentatoren auch im Blick auf *De Hebdomadibus* von maßgeblichem Gewicht war.[56] Die Auseinandersetzung mit ihren vielfälti-

[52] Vgl. Ferdinand Sassen, »Boethius – Lehrmeister des Mittelalters«, in: Manfred Fuhrmann / Joachim Gruber (Hg.), *Boethius*, a. a. O., S. 82–109; Howard Rollin, *The tradition of Boethius. A study of his importance in medieval culture*, New York 1935 (²1970); Luca Obertello, *Boezio e dintorni. Ricerche sulla cultura altomedievale* (Biblioteca medievale 2), Firenze 1989; Fabio Troncarelli, *Cogitatio mentis. L'eredità di Boezio nell'Alto Medioevo* (Storie e testi N. S. 16), Napoli 2005; zur metaphysischen Reflexion im speziellen Andreas Speer, »The Hidden Heritage. Boethian Metaphysics and its Medieval Tradition«, in: Pasquale Porro (Hg.), *Metaphysica – sapientia – scientia divina* (Quaestio 5), Turnhout / Bari 2005, S. 163–179.

[53] Vgl. Margaret Gibson, »The ›Opuscula Sacra‹ in the Middle Ages«, in: Dies. (Hg.), *Boethius. His life, thought and influence*, a. a. O., S. 214–234; Giulio d'Onofrio, »Agli inizi della diffusione della ›Consolatio‹ e degli ›Opuscula sacra‹ nella scuola tardo-carolingia. Giovanni Scoto e Remigio di Auxerre«, in: Luca Obertello (Hg.), *Atti*, a. a. O., S. 343–354; Ders., »Dialectic and Theology in Boethius' ›Opuscula Sacra‹ and their Early Medieval Readers«, in: *StMed* III, 27 (1986), 1, S. 45–67; John Marenbon, *Boethius*, a. a. O., S. 170–182, Alain Galonnier (Hg.), *Opuscula sacra*, Bd. 1, a. a. O., S. 205–226.

[54] Gangolf Schrimpf, *Die Axiomenschrift des Boethius*, a. a. O., S. 35. Schrimpf widmet sich ausführlich den einzelnen Glossen und Kommentaren, ebd., S. 37–138; 141–148. Ebenso mit engl. Übersetzung Scott C. MacDonald, *The Metaphysics of Goodness in Medieval Philosophy Before Aquinas*, Ann Arbor 1986.

[55] Vgl. Martin Grabmann, *Geschichte der scholastischen Methode* I, a. a. O., S. 168. Weitere Handschriften nennt Gangolf Schrimpf, *Die Axiomenschrift des Boethius*, a. a. O., S. 38, Anm. 5.

[56] Vgl. Edward K. Rand, *Johannes Scottus* (QULPMA I, 2), München 1906, S. 50–56. Die von Rand vertretene Autorenschaft des Scotus Eriugena († um

gen theologischen, philosophischen und methodischen Aspekten findet durch eigenständig geschlossene Kommentierungen des Textes durch Theologen der sog. Schulen von St. Viktor, Chartres bzw. Poitiers ihren Höhepunkt.[57] Hier sind, in der vermuteten Reihenfolge ihrer Entstehung, die *Hebdomaden*-Kommentare des Gilbert v. Poitiers[58] († 1154), Thierry v. Chartres[59] († um 1155/56) und Clarenbaldus v. Arras[60] († um 1187) zu nennen. Alle drei Autoren beschäftigen sich auch intensiv mit der boethianischen Trinitätsschrift.[61]

Wird die Rezeption jedoch über eigenständige literarische Ausführungen hinaus auf spezielle Formulierungen und Themen aus der *Hebdomaden*-Schrift ausgedehnt, etwa auf die methodische Axiomatisierung,[62] auf die Differenzierungen von *esse*, *esse aliquid* und *id*

---

877) ist umstritten, Maëul J. Cappuyns, »Le plus ancien commentaire des ›Opuscula sacra‹ et son origine«, in: *RThAM* 3 (1931), S. 237–272, sprach sich für Remigius v. Auxerre († nach 908) als Verfasser aus. Dazu Giulio d'Onofrio, »Giovanni Scoto e Remigio di Auxerre. A proposito di alcuni commenti altomedievali a Boezio«, in: *StMed* III 22 (1981), 2, S. 587–693.

57 Wie präsent die Boethius-Rezeption in der platonisierenden Schule von Chartres war, zeigt schon ein Blick auf seine Werke im Curriculum der *Artes liberales*, vgl. Peter Schulthess / Ruedi Imbach, *Die Philosophie im lateinischen Mittelalter*, Zürich 1996, S. 124–129.

58 Vgl. Nikolaus M. Häring (Hg.), *The commentaries on Boethius by Gilbert of Poitiers* (Studies and texts 13), Toronto 1966, S. 183–230. Gilberts Kommentar fand wohl die weiteste Verbreitung und wirkte nicht zuletzt durch die von ihm terminologisch fixierte Unterscheidung zwischen *quo est* und *quod est* nachhaltig.

59 Vgl. Nikolaus M. Häring (Hg.), *Commentaries on Boethius by Thierry of Chartres and his school* (Studies and texts 20), Toronto 1971, S. 405–435. Nikolaus M. Häring nimmt Thierry auch als Autor eines abgebrochenen Hebdomaden-Kommentars (sog. *Fragmentum Admuntense*, ebd., S. 119–121) an.

60 Vgl. Nikolaus M. Häring (Hg.), *Life and works of Clarembald of Arras* (Studies and texts 10), Toronto 1965, S. 189–221.

61 Vgl. die entsprechenden Trinitäts-Kommentare in: *The commentaries on Boethius by Gilbert of Poitiers* (Studies and texts 13), ed. Nikolaus M. Häring, Toronto 1966, S. 53–157 (lib. I); 161–180 (lib. II); *Commentaries on Boethius by Thierry of Chartres and his school* (Studies and texts 20), ed. Nikolaus M. Häring, Toronto 1971, S. 56–121 *(Commentum)*, 123–229 *(Lectiones)*; Nikolaus M. Häring (Hg.), *Life and works of Clarembald of Arras* (Studies and texts 10), Toronto 1965, S. 65–186.

62 Etwa bei Alanus ab Insulis († 1203), *Regulae caelestis iuris*, ed. Nikolaus M. Häring, in: *AHDL* 56 (1981), S. 97–226, z. T. unter wörtlicher Bezugnahme auf Boethius oder Nikolaus v. Amiens († nach 1203), *Ars fidei Catholicae* (ed. Mechthild Dreyer, in: *Nikolaus von Amiens ›Ars fidei catholicae‹. Ein Beispielwerk*

quod est[63] oder aber in anderen metaphysischen Kontexten reflektiert,[64] ist die Anzahl der boethianischen Referenzen unabsehbar. Thomas steht daher mit seiner *Expositio* zu Boethius' *Hebdomaden* in einer bedeutenden Kommentar-Tradition, die jedoch mit dem Ausklingen der sog. *Aetas Boethiana* im 12. Jh. und deren intensiver Auseinandersetzung mit den *Opuscula sacra* ihren Zenit längst überschritten hatte und seinerzeit erloschen war.[65] Zu einem Zeitpunkt,

---

axiomatischer Methode (BGPhThMA, N.F. 37), Münster 1993, S. 67–106); vgl. Gillian R. Evans, »More Geometrico. The Place of the Axiomatic Method in the Twelfth Century Commentaries on Boethius' ›Opuscula Sacra‹«, in: *AIHS* 27 (1977), S. 207–221; Mechthild Dreyer, »Regularmethode und Axiomatik: Wissenschaftliche Methodik im Horizont der artes-Tradition des 12. Jahrhunderts«, in: Ingrid Craemer-Ruegenberg / Andreas Speer (Hg.), *Scientia und ars im Hoch- und Spätmittelalter* (MM 22/1), Berlin / N.Y. 1994, S. 145–157; Dies., *More mathematicorum. Rezeption und Transformation der antiken Gestalten wissenschaftlichen Wissens im 12. Jahrhundert* (BGPhThMA, N.F. 47), Münster 1996; Andreas Niederberger, »Zwischen ›De hebdomadibus‹ und ›Liber de causis‹. Einige Bemerkungen zu Form und Argumentation der ›Regulae theologiae‹ des Alanus ab Insulis, in: *Convenit Selecta* 5 (2000), S. 47–52 / *Internetressource* http://www.hottopos.com/convenit5/06.htm; Agnieszka Kijewska, »Mathematics as a preparation for theology. Boethius, Eriugena, Thierry of Chartres«, in: Alain Galonnier (Hg.), *Boèce ou la chaîne des savoirs*, a. a. O., S. 625–647.

[63] Die entsprechenden ontologischen Bezüge darauf tauchen in Debatten des Mittelalters an prominenter Stelle wieder auf, u. a. bei Heinrich v. Gent († 1293), *Quodlibeta* oder Ägidius v. Rom († 1316), *Theoremata et Quaestiones de esse et essentia* und Dietrich v. Freiberg († 1318/20), *De ente et essentia.* Als Schlüsselbegriffe der Ontologie in variabler Interpretation avancieren die boethianisch konnotierten Differenzierungen von *esse* und *essentia* im Kontext der sog. *distinctio realis* zu einem ontologischen Grundkonzept v. a. des Thomismus und beherrschen selbst die nachmittelalterlichen Diskussionen zur Seinsfrage bis hinein ins 20. Jh., wenn sie etwa im Diktum Heideggers als »ontologische Differenz« erneut auf den Begriff gebracht werden.

[64] Zur Weiterführung der *Hebdomaden*-Thematik in einer Metaphysik des Guten bei William v. Auxerre († 1231), *Summa aurea*, Philipp d. Kanzler († 1236), *Summa de bono*, Alexander v. Hales († 1245), *Summa theologica* und Albertus Magnus († 1280), *Sentenzenkommentar, Summa de bono, Summa theologiae* bzw. *In De divinis nominibus*; vgl. dazu die entsprechenden Kapitel 4 und 5 bzw. die Appendizes 7–13 bei Scott MacDonald, *The Metaphysics of Goodness in Medieval Philosophy Before Aquinas*, a. a. O., S. 205–336; 615–698; Ders., »The Relation between Being and Goodness«, in: Ders. (Hg.), *Being and Goodness*, Ithaca / London 1991, S. 1–28.

[65] Zu Begriff und Gehalt der *Aetas Boethiana* vgl. Marie-D. Chenu, *La théologie au douzième siècle* (EPhM 45), 3. Aufl., Paris 1976, S. 142–158. Zu diesbezüglichen metaphysischen Entwicklungen des 12. Jh. vgl. das Kompendium von

als sich die Rezeption des *Corpus Aristotelicum* bereits etabliert hatte und die geistige Auseinandersetzung dominiert, nimmt Thomas im 13. Jh. in singulärer Weise mit seinen beiden Kommentaren zur Trinitäts- und *Hebdomaden*-Schrift die Beschäftigung mit Boethius auf traditionelle Weise wieder auf.

2 Thomas von Aquins *Expositio in libri Boetii De Hebdomadibus*

2.1 Biographischer Kontext, Thomas als Kommentator des Boethius

Die Lebensläufe von Thomas und Boethius haben nicht nur in der gemeinsamen geographischen Herkunft einen Bezugspunkt, sondern auch insofern ihr Leben jeweils in eine Zeit des grundlegenden Wandels fällt. Wie Boethius, an der Epochenschwelle der ausgehenden Spätantike stehend, an einem Prozess umfassender Veränderung teilhat, so vollzieht sich das Leben des Thomas von Aquin im 13. Jh. ebenso in einer Phase umfassender Neuorientierung.[66] In pauschalen Stichworten sei hier nur an die aufblühenden Mendikantenorden, die Institutionalisierung der Wissenschaft in neu gegründeten Universitäten und Etablierung der Fakultäten, die Fortentwicklung und Spezialisierungen der scholastischen Methoden, der Durchbruch der im 12. Jh. anhebenden Aristotelesrezeption und die Konfrontation mit muslimischer Gelehrsamkeit (v. a. den Kommentatoren Avicenna und Averroes), sowie die Ausdifferenzierungen zwischen Theologie und Philosophie mitsamt ihren wissenschaftstheoretischen und me-

---

Matthias Lutz-Bachmann u. a. (Hg.), *Metaphysics in the Twelfth Century. On the Relationship among Philosophy, Science and Theology* (TEMA 19), Turnhout 2004.

[66] Zu den zahlreichen Aspekten und ihrer Diskussion vgl. u. a. Kurt Flasch, *Das philosophische Denken im Mittelalter*, a. a. O., S. 244–362; Ludger Honnefelder, »Der zweite Anfang der Metaphysik. Voraussetzungen, Ansätze und Folgen der Wiederbegründung der Metaphysik im 13./14. Jahrhundert«, in: Jan P. Beckmann u. a. (Hg.), *Philosophie im Mittelalter*, Hamburg 1987, S. 165–186; Peter Schulthess / Ruedi Imbach, *Die Philosophie im lateinischen Mittelalter*, a. a. O., S. 145–236; Jan A. Aertsen, »Mittelalterliche Philosophie: ein unmögliches Projekt? Zur Wende des Philosophieverständnisses im 13. Jahrhundert«, in: Ders. / Andreas Speer (Hg.): *Geistesleben im 13. Jahrhundert* (MM 27), Berlin u. a. 2000, S. 12–28.

taphysischen Implikationen erinnert. All diese miteinander verwobenen und mitunter in heftigen Konflikten ausgetragenen Elemente betreffen Thomas als Kind seiner Zeit und finden Niederschlag in seinem Werk, das mit den genannten Herausforderungen auf vielfache Weise befasst ist.[67]

Thomas wird ca. 1225 in Roccasecca als Sohn einer Adelsfamilie in der Grafschaft Aquino geboren.[68] Schon früh wird er in die Obhut der Benediktiner in Montecassino gegeben und wechselt nach einer Grundausbildung 1239 an das *Studium generale* von Neapel zur Aufnahme der üblichen Vorbildung für das Theologiestudium durch die *Artes* und die Philosophie. Der Eintritt in den jungen Dominikanerorden 1244 führt zu einem vorübergehenden Konflikt mit seiner Familie, die ihn ob der wenig standesgemäßen Wahl eines Bettelordens ein Jahr inhaftiert, ohne ihn letztlich von seinem Entschluss abzubringen. Möglicherweise um weiteren Übergriffen vorab zu begegnen, wird Thomas 1245 von seinen Oberen über Rom nach Paris geschickt. Während dreier akademischer Jahre mit philosophischen und wohl auch schon theologischen Studien lernt er u. a. als Schüler des Albertus Magnus, der ihn 1248 in das neu errichtete *Studium generale* der Dominikaner nach Köln mitnimmt. In den Jahren bis 1252 vollendet er dort seine theologische Grundausbildung, beginnt mit ersten biblischen Vorlesungen als biblischer Bakkalaureus und wird vermutlich dort zum Priester geweiht. Albert, dem Thomas Assistenzdienste leistet, übt während der Kölner Jahre und darüber hinaus einen anhal-

[67] Zur Biographie vgl. Marie-Dominique Chenu, *Das Werk des hl. Thomas von Aquin*, Graz u. a. 1982; James A. Weisheipl, *Thomas von Aquin. Sein Leben und seine Theologie*, Graz u. a. 1980; Jean-Pierre Torell, *Magister Thomas. Leben und Werk des Thomas von Aquin*, Freiburg u. a. 1995 mit kommentiertem Werkverzeichnis S. 345–347; Thematische Einführungen bieten u. a. Albert Zimmermann, *Thomas lesen* (legenda 2), Stuttgart-Bad Cannstatt 2000 und Rolf Schönberger, *Thomas von Aquin zur Einführung* (Zur Einführung 251), Hamburg ²2002. Gegliederte bibliographische Übersichten zu Leben und Werken des Thomas finden sich u. a. in Andreas Speer (Hg.), *Thomas von Aquin: Die ›Summa theologiae‹*, Berlin/New York 2005, S. 426–430 und im Anhang der Bde. 3,2 und 7 der HBPhMA-Reihe zu Werken des Thomas.

[68] Zu den biographischen Quellen vgl. die Internetressource: http://www.corpusthomisticum.org/ibfonvit.html. Eine einführende deutsche Quellenerschließung bietet Willehad P. Eckert (Hg.), *Das Leben des heiligen Thomas von Aquin erzählt von Wilhelm Tocco und andere Zeugnisse zu seinem Leben* (Heilige der ungeteilten Christenheit), Düsseldorf 1965.

tenden Einfluss auf ihn aus. Kaum 27-jährig verlässt Thomas Köln 1252 in Richtung Paris, um dort auf Empfehlung Alberts eine Lehrtätigkeit aufzunehmen. Zunächst als *Baccalaureus biblicus* mit einer kursorischen Vorlesung zu Jesaja, dann als *Sententiarius* mit der üblichen Kommentierung der *Sentenzen* des Petrus Lombardus. Neben dem umfangreichen Sentenzenkommentar (1254–56) verfasst Thomas für Mitbrüder die in seine philosophischen Kerngedanken einführende Kleinschrift *De ente et essentia*[69] und evtl. *De principiis naturae.*[70] 1256 wird Thomas, noch vor Erreichen des Mindestalters zum Magister der Theologie ernannt. Aufgrund eines Konflikts zwischen Säkularklerikern und Mendikanten in Paris, während dessen ebenfalls einige polemische Schriften entstehen, wird er erst im darauffolgenden Jahr in das Magister-Kollegium von Paris aufgenommen. Neben den Verpflichtungen von kommentierender *Lectio* und universitärer Predigt kommt Thomas in den Jahren bis 1259 auch der festgelegten Form wissenschaftlicher Disputationen nach, die nach freien Themen als sog. *Quodlibetales* VII–XI und in einer Sammlung von 253 *Articuli* zu 29 *Quaestiones* unter dem Titel der Eingangsfrage *De veritate* überliefert sind.[71] In seine Zeit in Paris, höchstwahrscheinlich gegen Ende seines Aufenthalts als junger Magister, fällt der unvollendete Kommentar zur Trinitätsschrift des Boethius.[72] Thomas beginnt noch mit der Abfassung der *Summa contra gentiles*,[73] ehe er 1259 nach Italien zurückkehrt. Gesicherte Aufenthaltsorte sind Orvieto (1261–65), wo er als Lektor des Dominikanerkonvents die erste

---

[69] Vgl. *Über das Seiende und das Wesen*, übers. u. eingel. von Wolfgang Kluxen (HBPhMa 7), Freiburg 2007.

[70] Vgl. *Die Prinzipien der Wirklichkeit*, übers. u. komm. von Richard Heinzmann, Stuttgart u. a. 1999.

[71] Vgl. Edith Stein, *Des hl. Thomas von Aquino Untersuchungen über die Wahrheit (Quaestiones disputatae de veritate)*, ed. Andreas Speer / Francesco V. Tommasi, 2 Bde. (*ESGA* 23 und *ESGA* 24), Freiburg i. Br. 2008; daneben Teilübersetzungen einzelner Quaestionen.

[72] Vgl. *Kommentar zum Trinitätstraktat des Boethius* I/II, übers. u. eingel. von Peter Hoffmann in Verb. mit Hermann Schrödter (HBPhMA 3/I,II), Freiburg u. a. 2006/2007.

[73] Vgl. *Summe gegen die Heiden*, 4 Bücher in 5 Bde. (TzF 15–19), hg. u. übers. von Karl Albert und Paulus Engelhardt (Bd. 1 u. 2), Karl Allgaier (Bd. 3, 1 u. 2), Markus H. Wörner (Bd. 4), Darmstadt ^{3}1994 (Bd. 1), ^{2}1992 (Bd. 2), 1990 (Bd. 3,1), 1996 (Bd. 3,2), 1996 (Bd. 4). Vgl. dazu Rolf Schönberger, *Thomas von Aquins »Summa contra gentiles«* (Werkinterpretationen), Darmstadt 2001.

Summe vollendet und u.a. am Kommentar zum neuplatonischen Werk des Dionysius *De divinis nominibus* arbeitet. Ab 1265 hält sich Thomas in Rom auf, um dort ein ordenseigenes *Studium* einzurichten. In den römischen Jahren bis 1268 entsteht der erste Teil der *Summa theologiae*,[74] seines Hauptwerks, dessen Erstellung sich in mehreren Etappen bis zu seinem Lebensende hinzieht und unvollendet bleibt. Daneben eröffnet Thomas mit seinem Kommentar zur aristotelischen Schrift *De anima* seine umfangreiche Aristoteleskommentierung. Diese setzt er neben seiner Lehrtätigkeit und trotz zahlreicher intellektueller Auseinandersetzungen auch in seiner zweiten Pariser Lehrtätigkeit 1268–72 intensiv fort. Nach vier Jahren kehrt Thomas 1272 mit dem Auftrag nach Italien zurück, ein neues *Studium generale* des Dominikanerordens für Theologie in Neapel einzurichten. Hier treibt er die Fertigstellung des 3. Teils seiner *Summa theologiae* voran. Die Tatsache, dass er daneben die Arbeiten zur aristotelischen *Metaphysik* und den *libri Posteriorum* ebenfalls noch vollenden muss, hindert ihn nicht, etliche neue Kommentare anzufangen. Ob die Überforderung durch das ungeheure wissenschaftliche Arbeitspensum, gepaart mit dem zusätzlichen Engagement in Ordensangelegenheiten, oder aber eine Krankheit dazu führte, dass er im Dezember 1273 seine Arbeit abbrach, bleibt Spekulation. Die Biographen sehen einen Zusammenhang mit einem inneren Erlebnis des Thomas, das ihm die Fortführung der bisherigen Arbeiten unmöglich erscheinen lässt. Noch einmal lässt er sich für eine Reise zum Konzil von Lyon 1274 in Dienst nehmen, jedoch ohne sein Ziel zu erreichen. Durch Krankheit geschwächt stirbt Thomas auf dem Weg am 7. März 1274 im Alter von 49 Jahren in der Abtei Fossanova.

Im Blick auf diesen Lebenslauf und seine Fülle an literarischer Produktion fällt auf, dass Thomas, auch durch seine Lehrverpflichtungen, einen Großteil seiner Arbeit auf die Kommentierung, nicht zuletzt biblischer Schriften, verwendet. Auch in seinen eigenständigen Schriften fehlt es nicht an unzähligen Bezugnahmen und Zitaten, teils aus vorliegenden Texten, teils aus dem Gedächtnis. Thomas verwirklicht darin beispielhaft eine Haltung, welche durch ihr Vertrauen in die Kraft vernunftgemäßer Wahrheitssuche und -erkenntnis eine Dis-

---

[74] Übersetzungen in: *Die deutsche Thomas-Ausgabe* (unvollendet). Zur Einführung vgl. Andreas Speer (Hg.), *Thomas von Aquin: ›Die Summa theologiae‹* (Werkinterpretationen), Berlin / New York 2005.

kursoffenheit pflegt, die das Denken in seiner besten Ausprägung als synoptisch-kritische Verstehens- und Vermittlungsleistung gegenüber fremden wie eigenen, neuen wie alten Einflüssen und Traditionen charakterisiert. Im Vergleich mit den Aristoteles-Kommentaren drückt sich in seiner Beschäftigung mit Boethius, in Anbetracht von dessen nachhaltigem Einfluss auf die mittelalterliche Gelehrsamkeit, ein Verstehens- und Vermittlungsanspruch gegenüber einer überkommenen Tradition aus.[75] Dabei kann nicht übersehen werden, dass Boethius auch bei wachsender Dominanz aristotelischer Einflüsse als geachtete Autorität in den Werken des Thomas ebenso eine Konstante bleibt wie die neuplatonische Denkrichtung insgesamt. Der Kommentar zum *Liber de causis* des Proklos noch im Jahr 1272 bestätigt diesen anhaltenden Dialog. Es wurde bereits darauf hingewiesen, dass Thomas mit seinen Kommentaren zu den beiden boethianischen Schriften *De Trinitate* und *De Hebdomadibus* im 13. Jh. eine abgebrochene Tradition wieder aufnimmt. Wie eine Reminiszenz im Prolog seines Kommentars zu *De Trinitate* belegt, hat Thomas Kenntnis von allen fünf *Opuscula sacra* des Boethius.[76] Andere Kommentare zu Schriften des Boethius sind nicht bekannt, auch wenn zahlreiche Verweise im thomasischen Werk eine entsprechende Vertrautheit voraussetzen, z. B. mit der *Consolatio Philosophiae*.

---

[75] Zur Boethiusrezeption durch Thomas vgl. Louise M. Antoniotti, »Boèce et saint Thomas d'Aquin. Le miroir ou le mirador de l'éternité: *in speculo vel in specula?*«, in: *Tommaso d'Aquino nella storia del pensiero*, 1, 1, Napoli 1975, S. 361–368; Ralph McInerny, »Boethius and Saint Thomas Aquinas«, in: *RFNS* 66 (1974), S. 219–245; Ders., *Boethius and Aquinas*, Washington 1990; Battista Mondin, »San Tommaso commentatore di Boezio«, in: *DoC* 48 (1995), 1, S. 44–54; zu einzelnen Aspekten vgl. Matthias Lutz-Bachmann, »Die Einteilung der Wissenschaften bei Thomas von Aquin. Ein Beitrag zur Rekonstruktion der Epistemologie in Quaestio 5, Artikel 1 des »Kommentars« von Thomas zum Trinitätstraktat des Boethius«, in: Rainer Berndt u. a. (Hg.), *»Scientia« und »Disciplina«* (Erudiri Sapientia 3), Berlin 2002, S. 235–247; Dominique Bertrand, »Sur le fondement de la différence dans le ›De trinitate‹. Thomas d'Aquin interprète de Boèce«, in: Alain Galonnier (Hg.), *Boèce ou la chaîne des savoirs*, a. a. O., S. 679–696.

[76] *Super Boetium De Trinitate*, prol., ed. Peter Hoffmann (HBPhMA 3/I), Freiburg 2006, S. 29.

2.2 Anmerkungen zur Auslegung der *Hebdomaden*-Schrift

2.2.1 Zur literarischen Kommentarform

Übereinstimmend wird die Schrift zu den boethianischen *Hebdomaden* als authentisches Werk des Thomas betrachtet, was schon formal aufgrund der expliziten Zuschreibung in über zwanzig Handschriften und Einfügung in entsprechenden thomasischen Werksammlungen als gesichert anzunehmen ist.[77] Die Klassifizierung als Kommentar ergibt sich neben der typischen Vorgehensweise auch durch die Bestimmung des Thomas selbst, der seine Abhandlung im Schlusssatz mit dem Fachterminus ›*Expositio*‹ kennzeichnet. Auch aus diesem Grund sind Spekulationen über einen fragmentarischen Charakter abwegig, die Abhandlung ist vollständig. Gleichwohl besagt die Bestimmung als Kommentar zunächst lediglich etwas über die Erfüllung formaler Kriterien aus und verlangt einen wichtigen Zusatz, um Missverständnisse zu vermeiden.[78] Denn im Vergleich zu moderner Textauslegung tritt Thomas als mittelalterlicher Kommentator seiner Vorlage mit einem anderen Anspruch gegenüber. Während moderne Hermeneutik zumeist bestrebt ist, im historisch-kritischen Verfahren ein Verständnis des Textes über seinen sogenannten ›Sitz im Leben‹ der entsprechenden Abfassungszeit zu gewinnen, d. h. im Kontext der Lebens- und Verstehenshorizonte des Verfassers und seiner Adressaten, ist der Zugang des Thomas ein anderer. Stark verkürzt und in Paraphrasierung eines vielzitierten Thomaswortes gesagt, zielt seine Beschäftigung nicht darauf ab, zu wissen, was Menschen einstmals gedacht haben, sondern wie es um die Wahrheit der geäußerten Sachverhalte tatsächlich bestellt ist.[79] Ursprüngliches Textverständnis und Autorenabsicht sind deswegen nicht obsolet, doch werden sie für das höher erachtete Ziel der Wahrheitsfindung in Dienst genommen und diesem entsprechend integriert. So gilt auch für die Kommentare zu

---

[77] Zur Erwähnung des Hebdomaden-Kommentars in einzelnen Werkkatalogen, vgl. Martin Grabmann, *Die Werke des hl. Thomas von Aquin* (BGPhMA 22,1/2), Münster i. Westf. [3]1949, hier die Aufnahme in den kritischen Katalog der echten *Opuscula* S. 358.

[78] Zu Ursprüngen, Entwicklung und Differenzierungen des literarischen Kommentars vgl. Wilhelm Geerlings / Christian Schulze (Hg.), *Der Kommentar in Antike und Mittelalter. Beiträge zu seiner Erforschung*, Bd. 1 (CCAMA 2), Leiden u. a. 2002.

[79] Vgl. *In De caelo* I, 22 [8].

Boethius, dass sie wie alle »Kommentare des Thomas als Ausdruck von dessen eigener Lehrmeinung« zu verstehen sind.[80] Beispielhaft zeigt sich dieser Anspruch am Trinitätskommentar zu Boethius. Thomas löst sich hier von der zu kommentierenden Textvorlage und nimmt die boethianischen Erörterungen als Ausgangspunkt für eigenständige Ausarbeitungen zu Themen der Erkenntnislehre und wissenschaftstheoretischen Erörterungen in quaestionaler Form.

In seinem Kommentar zu den *Hebdomaden*, zu dem im Gegensatz zum Trinitätskommentar kein Autograph überliefert ist, begegnet uns hingegen die schlichte Form einer *Expositio*, in der sich Thomas streng an den Wortlaut des Boethius hält. In ständigen wörtlichen Zitaten wird die Textgrundlage in diesem Literalkommentar einerseits gegliedert und andererseits erklärt, was die Gedankenführung der thomasischen Äußerungen mitunter komplex gestaltet. Die Gliederung wirkt in ihrem schematischen Sprachstil technisch und erfolgt in immer kleineren Strukturelementen, die Transparenz in die Gesamtanlage der Schrift und in deren Begründungszusammenhänge bringen sollen.[81] Am Ende dieser Kette stehen dann in Abschnitte gegliederte Sinneinheiten, mit denen sich Thomas analysierend bis in einzelne Worterklärungen hinein auseinandersetzt, ein Text auf dem Seziertisch und unter dem Mikroskop sozusagen. Nur an wenigen Stellen entfernt sich Thomas vom Text und erläutert eigenständig, in welchem Sinn das von Boethius Gesagte als wahr zu verstehen ist.

2.2.2 Zu Datierung, literarischen Bezügen und Adressaten

Während die Datierung des Kommentars zur boethianischen Trinitätsschrift in großer Übereinstimmung in die Zeit seines ersten Pariser Lehraufenthalts vorgenommen wird und lediglich die Nähe zum Ende des Aufenthalts 1259 fraglich scheint,[82] besteht bzgl. der zeit-

80 Rolf Schönberger, *Thomas von Aquin zur Einführung*, a. a. O., S. 26.

81 Im Ganzen ergeben sich hinsichtlich der Gliederung nur unbedeutende Inkonsistenzen, etwa in der Einteilung des Textes zu Beginn des III. Kapitels im Vergleich mit der des IV. Kapitels, wo Thomas zwei neue Unterpunkte differenziert.

82 Zu den einzelnen Datierungsvorschlägen vgl. *Kommentar zum Trinitätstraktat des Boethius* I, ed. Peter Hoffmann / Hermann Schrödter (HBPhMA 3/I), a. a. O., S. 10–12; Michel Lambert, »La chronologie du *Super Boethium De Trinitate* et du *In librum Boethii De Hebdomadibus* de Thomas d'Aquin. Apport de

lichen Einordnung des *Hebdomaden*-Kommentars keine Einigkeit. Bis zum Zeitpunkt der kritischen Leonina-Edition wurde üblicherweise eine zeitnahe Abfassung mit dem Trinitätskommentar in Paris angenommen.[83] Ein chronologischer Zusammenhang, der auch heute noch von Autoren vertreten wird.[84] Zur Begründung werden dabei v.a. die übereinstimmende Bezugnahme auf Boethius in Kommentarform, Berührungspunkte mit *De ente et essentia* sowie mit den Themenfeldern der Teilhabe, des Guten bzw. des darauf gerichteten Strebens und dem göttlichen Willen in den Quaestionen von *De veritate* angeführt.[85] Die Herausgeber der kritischen Ausgabe haben indes darauf hingewiesen, dass der zeitliche Zusammenhang keinesfalls zwingend ist.[86] Der Kommentar von *De Trinitate* enthält auch keinen Hinweis auf ein zusammenhängendes Kommentierungsprojekt zu Boethius, das *De Hebdomadibus* beinhalten würde. Denn eine von Thomas einleitend zum Trinitätskommentar vorgenommene Werkübersicht führt er auch zu Beginn der Auslegung von *De divinis nominibus* durch, ohne dass sich daraus eine Kommentierung aller Schriften des Dionysius Areopagita ergeben würde.[87] Auch die verschiedene Machart der Kommentare sowie die differente Schreibweise bzw. die Abkürzungsformen der Boethiusschrift erschweren die Annahme eines zeitlichen Zusammenhangs. Während der Trinitätskommentar in quaestionaler Ordnung eher an die Weise der Sentenzenkommentierung erinnert, entspricht der *Hebdomaden*-Kommentar

l'analyse quantitative«, in: André Motte / Joseph Denooz (Hg.), *Aristotelica secunda*, Liège 1996, S. 336f.

[83] Vgl. u.a. Pierre F. Mandonnet, »Chronologie sommaire de la vie et des écrits de saint Thomas«, in: *RSPhTh* 9 (1920), S. 150; Ders., »Les ›opuscules‹ de saint Thomas d'Aquin «, in: *RThom* 32 (1927), S. 156; Angelus Walz, *S. Tommaso d'Aquino. Studi biografici sul Dottore Angelico* (Edizioni Liturgiche), Roma 1945, S. 95 u. 209; James A. Weisheipl, *Thomas von Aquin. Sein Leben und seine Theologie*, Graz u.a. 1980, S. 133, 337. Weisheipl weist den Kommentar ohne Begründung als unvollendet aus.

[84] In das Jahr 1259, d.h. etwa parallel zum Trinitätskommentar und den *QD De Veritate* datieren etwa Norman Kretzmann / Eleonore Stump, »Aquinas«, in: *Routledge Encyclopedia of Philosophy*, Bd. 1 (1998), S. 345. Auch hier wird die Auslegung als Fragment erachtet.

[85] Vgl. *De veritate* qq. 21; 22; 23.

[86] Zu den einzelnen Argumenten vgl. Louis J. Bataillon / Carlo A. Grassi (Hg.), Préface, in: *Expos. De ebd.* (Ed. Leon. 50), S. 263f.

[87] Die These eines thomasischen Kommentierungsprojekts zu Boethius äußerte der Herausgeber von *In Boet De Trin.*, ed. Pierre-M. J. Gils (Ed. Leon. 50), S. 6.

eher den Formen der Aristoteles- bzw. Dionysiuskommentierung. Ohne weitere Präzisierung plädieren die Editoren daher für eine zeitliche Entflechtung und eine spätere Datierung der *Expositio* zu *De Hebdomadibus*.[88]

Neben den Schriftzitaten der thomasischen Einleitung gibt es lediglich zwei vergleichende Bezüge zu platonischen bzw. aristotelischen Lehren (Kap. 2 u. 3), sowie zwei explizite Rückverweise auf die *Nikomachische Ethik* (Kap. 3 u. 4). Ansonsten nennt Thomas weder weitere literarische Quellen bzw. Autoritäten, noch nimmt er auf andere Schriften des Boethius oder eigene Werke Bezug. Angesichts der zahlreichen Aspekte, die sich in seinem Kommentar eröffnen, ein erstaunlicher Befund. Auch für eine Auseinandersetzung mit der vorausliegenden Kommentartradition gibt es keine direkten Hinweise. Die etymologischen Erklärungsversuche des Thomas zum Titel lassen nur sehr vage Rückschlüsse auf Umgang mit vorausliegenden Kommentaren zu. Ob Gilbert mit seiner einleitenden Schriftmeditation einen Einfluss auf die diesbezügliche Praxis des Thomas in seinen Boethius-Kommentaren ausgeübt hat, erscheint fraglich.[89]

Aufgrund der Unsicherheiten hinsichtlich der Abfassungszeit, dem Fehlen expliziter doktrinärer Querverweise zu eigenen Schriften bzw. zu zeitgenössischen Autoren und mangels geäußerter Abfassungsabsicht bzw. Widmung, ergeben sich keine überzeugenden Überlegungen zum äußeren Anlass bzw. dem Adressatenkreis der Schrift. Aufgrund der starken Konzentration auf die boethianische Vorlage ohne längere abschweifende Exkurse bzw. autoritative Unterfütterung

---

[88] Weitere Argumente für einer spätere Datierung bieten auf Basis inhaltlicher Aspekte Rolf Schönberger, »Ipsum esse nondum est: Zu einer Neuinterpretation einer neudatierten Thomasschrift«, in: Gerhard Leibold / Winfried Löffler (Hg.), *Entwicklungslinien mittelalterlicher Philosophie* 2 (SÖGPh 3), Wien 1999, S. 107–119 und aufgrund grammatikalisch quantitativer Analysen Michel Lambert, »La chronologie du *Super Boethium De Trinitate* et du *In librum Boethii De Hebdomadibus* de Thomas d'Aquin. Apport de l'analyse quantitative«, in: André Motte / Joseph Denooz (Hg.), *Aristotelica secunda*, a. a. O., S. 333–344.

[89] Wenn sich Thomas an anderer Stelle auf die *Hebdomaden*-Schrift des Boethius beruft, lässt er durchaus erkennen, dass er über Gilberts terminologische Transformation der boethianischen Differenz von *esse* und *quod est* in *quo est* und *quod est* informiert ist, vgl. u. a. *In I Sent.* d. 8 q. 4 a. 1 arg. 2; *S. theol.* I, q. 40 a. 1 s.c.; I, q. 50 a. 2 ad 3. In *De Hebdomadibus* findet sich die Formulierung *quo est* in dieser Verwendung nicht.

ist m. E. eine schlichte Präparation des Textes zu Studienzwecken plausibel.

2.3 Formale Struktur und inhaltliche Gliederung der *Expositio*

Thomas teilt die Schrift des Boethius entsprechend der oben analysierten Grundstruktur in Proömium und 4 weitere Kapitel, welche die eigentliche Abhandlung bilden. Allerdings fasst er die Erörterungen des Boethius zu den *conceptiones communes animi* noch als zur Einleitung gehörig auf, wodurch die Axiomatik des 2. Kapitels erst mit der fundamentalen Unterscheidung von *esse* und *id quod est* beginnt. Die restlichen drei Kapitel der axiomatisch begründeten Argumentation interpretiert er entlang der quaestionalen Grundstruktur von Entfaltung der Fragestellung *(propositio quaestionis)*, Lösung *(solutio)* sowie Anführung und Auflösung von Einwänden bzw. falschen Rückschlüssen *(inducere* bzw. *solvere obiectiones/conclusiones contra solutionem)*.

2.3.1 Einleitende Schriftauslegung zum Weisheitsstudium

Thomas stellt seinem Kommentar eine Meditation zum Weisheitsstudium auf Basis alttestamentarischer Reflexionszitate voran.[90] Eine Praxis, die Thomas auch im Trinitätskommentar zu Boethius pflegt und die uns schon bei Gilberts Kommentar begegnet. Die Verbindung über Schriftzitate aus der Weisheitsliteratur wirkt zunächst wenig zwingend. Allerdings ist das ausgewählte Eingangszitat keineswegs beliebig, bietet es doch eine doppelte assoziative Klammer, zum einen zu den – damit auch biblisch fundierten – *conceptiones*. Zum anderen

[90] Grundlegend für die Weisheitsthematik bei Thomas sind Bestimmungen der *sapientia* im Kontext von *vita activa* und *contemplativa* sowie als Gabe *(donum)*, vgl. *In III Sent.* d. 35; zur Bedeutung der Weisheit, v. a. im Kontext mittelalterlicher Gelehrsamkeit vgl. die Beiträge von Andreas Speer, »Weisheit«, in: *HWPh*, Bd. 12 (2005), coll. 377–388; Ders., »Philosophie als Lebensform? Zum Verhältnis von Philosophie und Weisheit im Mittelalter«, in: *TF* 62 (2000), S. 3–25; Ders., »Im Spannungsfeld der Weisheit. Anmerkungen zum Verhältnis von Metaphysik, Religion und Theologie«, in: Theo Kobusch / Michael Erler (Hg.), *Metaphysik und Religion*, a. a. O., S. 649–672., Ders., »Endliche Weisheit. Eine Annäherung an die Philosophie«, in: *RThPhM* 69 (2002), 1, S. 3–32.

kommt in der von Thomas aufgegriffenen metaphorischen Aufforderung des Ecclesiasticus-Zitats, ins (innerseelische) Haus zu eilen, um dort die eigenen Gedanken zu entwickeln, eine schon bei Thierry v. Chartres referierte Interpretation der *Hebdomaden*-Titulierung (s. u.) zum Tragen. Neben den allgemeinen Äußerungen zur weisheitlichen Thematik findet die Reflexion ihren konkreten Bezugspunkt in der Person des Boethius. Dieser wird in einer kurzen Überleitung als Befolger der Empfehlungen aus dem Mund der Weisheit *(sectator exhortationis)* bezeichnet. Boethius' weisheitliche Orientierung sieht Thomas gerade in seinem beispielhaften Anspruch auf methodische Ordnung gegeben, in der er seine Gedanken präsentiert.[91] Thomas interpretiert in dieser Weise gleich im Anschluss auch die bedachte Mitteilung der Ergebnisse an ausgewählte Dritte. Denn ein Vorgehen im Stil des *sapiens* Boethius (d. h. *ordinatum vel constructum*) läuft stets Gefahr, von Ignoranten missachtet und zurückgewiesen zu werden. Dabei ist bemerkenswert, dass die Ernsthaftigkeit der Bemühungen um Weisheit für Thomas in keinem Gegensatz dazu steht, was in der einleitenden Reflexion ganze zwanzigmal geradezu als Echtheitskriterium jedes echten weisheitlichen Studiums herausgestellt wurde: das freudvolle Vergnügen *(delectatio)*.

2.3.2 Kapitel 1: Auslegung der boethianischen Einleitung

Die Darstellung der einzelnen Kapitel erfolgt jeweils durch einen strukturierten Aufriss der argumentativen Gliederung, dessen Hauptpunkte in der Übersetzung eingefügt werden, und einer anschließenden Erörterung der jeweiligen inhaltlichen Schwerpunkte.[92]
Erklärung des Titels
Zweiteilung der Schrift in Proömium und Traktat
Gliederung des Proömiums nach Absicht, Vorgehensweise und methodischer Ordnung
1. Auslegung der Autorenabsicht (Adressat, Fragestellung)

---

[91] Gemäß aristotelischem Diktum (*Metaph.* 1), ist es dem weisheitlichen Menschen eigen, ordnend vorzugehen, vgl. Thomas, *Sent. lib. I Ethic.* l. 1 n. 1: »Sicut philosophus dicit in principio metaphysicae, sapientis est ordinare. Cuius ratio est, quia sapientia est potissima perfectio rationis, cuius proprium est cognoscere ordinem.«

[92] Abschnitte, in denen Thomas den Text gliedert, sind nicht nummeriert.

2. Auslegung der Vorgehensweise durch Erläuterung des Stils und seiner Rechtfertigung (obskur, gewohnt, akzeptabel)
3. Auslegung der methodischen Orientierung mittels selbstevidenter Prinzipien, durch Klärung
   (a) der Definition der *principia per se nota*
   (b) der Unterteilung nach Evidenz für Allgemeinheit *(communia omnibus)* und Experten *(doctis)*

Aus dem üblichen hermeneutischen Schema greift Thomas in der einleitenden Erklärung des Textes folgende Elemente heraus: Bestimmung des Titels und der Gesamtanlage des Textes sowie der Abfassungsabsicht *(intentio auctoris)* durch Erläuterung des Adressatenbezugs, der Problemstellung und von Textspezifika. Im 13. Jh. wird die Schrift im Allgemeinen mit *De ebdomadibus* bzw. *hebdomadibus* tituliert. Die mittelalterlichen Kommentatoren vor Thomas sehen darin vornehmlich keinen Bezug auf die Siebenzahl, sondern auf gedankliche Inhalte *(conceptiones)*.[93] Thomas steht insofern mit seiner Erklärung teilweise in der Traditionslinie, allerdings ist die Identifizierung

---

[93] Mit Ausnahme des *Fragmentum Admuntense* 2, ed. Nikolaus Häring, *Commentaries on Boethius by Thierry of Chartres and His School* (Studies and Texts 20), Toronto 1971, S. 119^{12-16}, dessen Autor bei den *Antiqui* zur Lösung schwieriger Fragen eine siebentägige Bedenkzeit annimmt, folgen die Autoren mit unterschiedlichen Gewichtungen bzw. Alternativen doch grundsätzlich der etymologischen Interpretation des Autors der sog. Schulglosse, der *ebdomadas* synonym mit ἐνθυμήμα[τά] als Bezeichnung von *conceptiones animi* versteht und aufgrund der Schreibweise von der griechischen Zahl ›sieben‹ unterscheidet, vgl. Edward K. Rand, *Johannes Scottus* (QULPMA I, 2), München 1906, S. 50^{6-15}; Gilbert akzentuiert die außergewöhnliche Kompliziertheit von »*ebdomades, hoc est conceptiones*« im Vergleich mit schlichten *entimemata (»nulla talibus conceptionibus dignitas inest«)*, vgl. *In Boet. lib. De bonorum ebdomade* 10–14 prol., ed. Nikolaus M. Häring, *The commentaries on Boethius by Gilbert of Poitiers*, a. a. O., S. 185^{51}–186^{77}; Thierry überliefert zudem den Aspekt des Innerseelischen in häuslicher Metaphorik *(»secundum quosdam ab eb quod est in et domas anima interpretatur. Et inde ebdomas quasi in anima«)*, vgl. *Sup. Ebd. Boet. (Abbreviatio Monacensis)* 2, ed. Nikolaus M. Häring, *Commentaries on Boethius*, a. a. O., S. 405^{12-14}; Clarembald, *In De Hebd.*, 8, ed. Nikolaus M. Häring, *Life and works of Clarembald of Arras*, a. a. O., S. 194 führt beide Interpretationsstränge in den »*conceptiones communis animi*« zusammen, mit dem Hinweis, dass diese *conceptiones* in verschiedener Terminologie in den wissenschaftlichen Disziplinen verwendet werden; ähnlich Alain v. Lille im Gefolge Gilberts *(»propter sui auctoritatem ebdomades id est dignitates dicuntur … quasi de subtilissimis theologorum propositionibus«)* vgl. *Regulae* 6 u. 7, ed. Nikolaus M. Häring, in: a. a. O., S. 122 f. und wohl in Anlehnung an Clarembald auch Albert d. Gr., vgl.

mit literarischen Ausgaben über das griechische ›ekdidomi‹ neu. Mit dem diesbezüglichen etymologischen Erklärungsversuch hängt die ungewöhnliche Schreibweise *(ekdomatas)* zusammen.[94] Zwei Aspekte sind im Zusammenhang mit der Einleitung besonders bemerkenswert. Erstens gibt Thomas den boethianischen Gliedsatz der Titelfrage, wie Substanzen gut sind in dem, was sie sind *(bona ... in eo quod sunt)*, in einer Umformulierung *(bona ... inquantum sunt)* wieder. Diese Wendung deutet bereits seine Tendenz in der Interpretation der boethianischen Seinsbegrifflichkeit an. Thomas interpretiert Sein im akthaften Sinn, weshalb er im gesamten Text jener Lesart einen Vorzug gibt, die betont, dass Sein qua faktischer Existenz gut ist.[95] Hinsichtlich der text- bzw. adressatenspezifischen Vorgehensweise des Boethius kommt es ebenfalls zu einer bemerkenswerten Umdeutung. Thomas versteht die von Boethius eigens thematisierte Obskurität seines Vorgehens als von seinem Adressaten, dem Diakon Johannes, veranlasst, was nur schwierig mit dessen Aufklärungsbitte zu vereinbaren scheint. Im weiteren Zusammenhang mit den gemeinsamen intellektiven Auffassungen *(conceptiones communes)* identifiziert Thomas die axiomatischen Begriffe und Sätze als selbstevidente Prinzipien *(principia per se nota)*, wobei er die Selbstevidenz der Sätze sprachlogisch-grammatikalisch begründet.[96] Als methodische bzw.

De bono, tr. 1 q. 1. a. 7 n. 23 (Ed. Colon. 28, S. 13a$^{41-43}$): »*Hebdomadas autem idem est quod credibile sive communis animi conceptio*«.

94 Louis J. Bataillon und Carlo A. Grassi führen die differenten Schreibweisen der Codices samt Folgerungen für die Textkritik auf, vgl. »Préface«, in: *Expos. De ebd.* (Ed. Leon. 50), S. 254 f.; zu möglichen Gründen der thomasischen Varianz, S. 262 f. Die Editoren weisen auch darauf hin, dass Thomas im Autograph seines Trintitätstraktats mit der Abkürzung *de epd.* eine andere Schreibweise verwendet, die auch in den Kopien von Alberts Dionysiuskommentar und ähnlich mit *de ebd.* in den Sekretärshandschriften von *De veritate* begegnet.

95 Zur faktischen Verwendung der Formulierung ›*in eo quod est*‹ vgl. *S. c. gent.* I, c. 70 (Ed. Leon. Bd. 13, S. 204): »Omne quod est, in eo quod est vel quale quid est, actu est, et similitudo primi actus est, et ex hoc nobilitatem habet. Quod etiam potentia est, ex ordine ad actum, nobilitatis est particeps; sic enim esse dicitur.«

96 Zum Begriff bei Thomas vgl. Luca F. Tuninetti, »*Per se notum*«. *Die logische Beschaffenheit des Selbstverständlichen im Denken des Thomas von Aquin* (STGMA 47), Leiden u. a. 1996, S. 12–26, 17–19 (zu Thomas' *Hebdomaden*-Kommentar). Die hier (S. 17) geäußerte Meinung, dass der Kommentar des Thomas zu *De Hebdomadibus* Fragment geblieben sei, entbehrt allerdings jeder Begründung.

epistemologische Präliminarien gehören sie für ihn noch zur Vorbereitung der eigentlichen Abhandlung.[97] Die Axiomatik beginnt erst mit den eigentlich ontologischen Aussagen.

2.3.3 Kapitel 2: Auslegung der boethianischen Axiomatik

Zweiteilung des Traktats in Axiomatik und Argumentation
Gliederung der Axiome entsprechend der Begriffe des Seienden, Einen und Guten

1. Auffassungen in Bezug auf Seiendes *(ens)* durch
   1.1. Vergleichende Bestimmung der begrifflichen bzw. intentionalen Unterschiedlichkeit von *esse* und *id quod est*
      (a) im Blick auf den Subjektbezug *(ratio subiecti)*
      (b) im Blick auf die Weise der Teilhabe *(ratio participationis)*
         I. eines Teils am übergeordneten Ganzen bzw. vom weniger Gemeinsamen am Gemeinsameren: Individuum / Art – Gattung *(particulariter – universaliter / minus commune – magis commune)*
         II. von unbestimmt Grundlegendem an Bestimmtem (*subiectum* > *accidens* bzw. Materie > Form)
         III. einer Wirkung an ihrer Ursache

Fazit:
         i. Keine Teilhabe von *esse* an *aliquid* entsprechend Teilhabeweise I. und II.
         ii. Umkehrung des partizipativen Bezugs und Formulierung einer Teilhabeweise von Konkretem *(ens)* an Abstraktem *(ipsum esse)*
      (c) im Blick auf die Beimengung von Äußerem *(admixtionem alicius extranei)*

---

97 Zur Auseinandersetzung des Thomas mit boethianischer Epistemologie, speziell zu *In De Trin.* q. 5, a.1 vgl. Matthias Lutz-Bachmann, »Die Einteilung der Wissenschaften bei Thomas von Aquin. Ein Beitrag zur Rekonstruktion der Epistemologie in Quaestio 5, Artikel 1 des »Kommentars« von Thomas zum Trinitätstraktat des Boethius«, in: Rainer Berndt u. a. (Hg.), *»Scientia« und »Disciplina«*, a. a. O., S. 235–247; sowie die Einleitungen von Peter Hoffmann (HBPhMA Bd. 3/I), S. 7–12; 29–34 und von Pasquale Porro (Hg.), »Introduzione«, in: *Tommaso d'Aquino, Commenti a Boezio* (Testi a fronte 107), Milano 2007, S. 23–31.

1.2. Vergleichende Bestimmung der Verschiedenheit von *esse aliquid* und *esse simpliciter* durch Erläuterung einer wesenskonstituierenden bzw. akzidentellen Form mit der Folge eines *duplex esse* im Seienden
   (a) Unterscheidung durch Bezeichnung als Akzidenz bzw. Substanz
   (b) Unterscheidung der Teilhabeweisen: substantiell (am *esse ipsum*) – akzidentell
   (c) Unterscheidung der Reihenfolge beider in der Erkenntnisordnung

2. Auffassungen in Bezug auf Eines *(unum)* durch vergleichende Bestimmung der Unterschiedlichkeit von *esse simpliciter* und *esse aliquid*
   2.1. Bei Zusammengesetztem – keine Identität: Realunterschied *(differunt realiter)*
   2.2. Bei Einfachem in eingeschränkter Hinsicht *(habens esse, participans esse commune)* – keine Identität
   2.3. Bei wahrhaft Einfachem *(esse subsistens)* – Identität
3. Auffassungen in Bezug auf das Gute *(bonum)*
   3.1. *Diversitas* und *similitudo*: Hemmnis und Grundlage für das Streben nach dem Guten
   3.2. Das Ähnlichkeitsstreben als natürliche Neigung *(inclinatio naturalis)*

Epilog

Nachdem Thomas die begrifflichen bzw. satzhaften *conceptiones* des Boethius als selbstevident beschrieben hat, interpretiert er sie nun im Kontext der am meisten offenkundigen Prinzipien bzw. allgemeinsten Begriffe *(principia maxime notae* bzw. *maxime communia)*. Indem er die einzelnen ontologischen Axiome jenen ersten Grundbegriffen von Seiendem (*ens*: Axiome 2–6), Einem (*unum*: Axiome 7 u. 8) und Gutem (*bonum*: Axiom 9) zuordnet, erhält sein Kommentar eine eigenständige Struktur.[98] Entsprechend dieser Einteilung wendet sich Thomas zunächst der boethianischen Unterscheidung von *esse* und *id*

98 Die Anzahl der sog. *transcendentia* variiert bei Thomas, vgl. *De veritate* q.1, a.1 im Verhältnis zu *De veritate* q. 21, a. 3; zur Konvertibilität von *ens, unum* und *bonum* vgl. die Quaestionen *S.th.* I, q. 5; q. 11; q. 16. Eine Einführung in das Verständnis der sog. Transzendentalien im Kontext der Seinslehre bietet Albert Zimmermann, *Thomas lesen*, a. a. O., S. 114–159.

quod est zu. Dabei fällt auf, dass er sie zunächst auf sprachlogischer, nicht auf ontologischer Ebene diskutiert *(diversitas non est hic referenda ad res … sed ad ipsas rationes seu intentiones)*. Der Abstraktbegriff *esse* wird vom konkret ausgesagten *id quod est* bzw. *ens* unterschieden, wie Weißfarbigkeit von dem, was weiß ist. In der nun folgenden dreigegliederten Interpretation der Differenz kommt die spezifische Sichtweise des Thomas auf den Seinsbegriff des Boethius durch mehrere Transformationen des boethianischen Gedankenganges zum Ausdruck. In einer ersten Bestimmung hinsichtlich des differenten Subjektcharakters von Sein und Seiendem formuliert Thomas, dass Seiendes oder »das, was ist« insofern ist, als es am Akt des Seins *(actus essendi)* teilhat, wodurch Thomas den boethianischen Begriff der *forma essendi* ersetzt. Eine zweite Bestimmung erfolgt im Blick auf drei Varianten der Teilhabe:[99] (I) eines Teils am übergeordneten Ganzen bzw. vom weniger Gemeinsamen am gemeinsameren Allgemeinen (wie ein Individuum an der Art, bzw. diese an einer Gattung partizipiert), (II) von unbestimmt Grundlegendem an Bestimmtem (wie ein Subjekt an Akzidenzien bzw. Materie an der Form partizipiert),[100] (III) die Teilhabe der Wirkung an ihrer Ursache. Das Sein selbst *(ipsum esse)* wird als *communissimum* zwar von anderem partizipiert, hat aber selbst an nichts teil. Demgegenüber hat das Seiende *(ens)*, wenngleich es begrifflich auch als *communissimum* erfasst wird, an anderem teil, da es stets konkret ausgesagt wird und damit eine Teilhabeweise zum Tragen kommt, der gemäß Konkretes an Abstraktem

---

99 Eingehende Analysen der Teilhabemodi in ihrer Stellung innerhalb der thomasischen Partizipationslehre finden sich bei Cornelio Fabro, *La nozione metafisica di partecipazione secondo S. Tommaso d'Aquino* (Opere complete 3), Milano 2005 ([1]1939), S. 32 f., 143–148; Louis-B. Geiger, *La participation dans la philosophie de S. Thomas d'Aquin* (BiblThom 23), Paris [2]1953 ([1]1942), S. 48 f.; Leo J. Elders, *Die Metaphysik des Thomas von Aquin in historischer Perspektive. I. Teil: Das ens commune* (SSPh 16), Salzburg / München 1985 ([1]1981), S. 180–185; Rudi A. te Velde, *Participation and Substantiality in Thomas Aquinas* (STGMA 46), Leiden u. a. 1995, S. 76–83; John F. Wippel, *The Metaphysical Thought of Thomas Aquinas. From Finite Being to Uncreated Being* (MSMRPh 1), Washington 2000, S. 96–110.

100 Leo J. Elders, ebd., S. 182 macht darauf aufmerksam, dass sich diese – von ihm als prädikamentale Partizipation bezeichnete – Teilhabeweise insbesondere auf das Verhältnis von Potenz und Akt stützt, das im *Hebdomaden*-Kommentar allerdings nicht explizit thematisiert wird; vgl. dazu *S. c. gent.* II, c. 53; *S. theol.* I, q. 75 a. 5 ad 1.

partizipiert.[101] Eine Varianz ergibt sich gegenüber der boethianischen Konzeption auch hinsichtlich der Unterscheidung von *esse aliquid* und *esse aliquid in eo quod est* (Axiom 5). Thomas gibt im zusammengesetzten Seienden ein zweifaches Sein *(duplex esse)* zu bedenken, nämlich einerseits das durch die substantielle Form wesentlich konstituierte und andererseits das durch akzidentelle Formen lediglich äußerlich bestimmte Sein. Eine Unterscheidung, die Thomas mit Formulierungen von *esse simplicter* und *esse aliquid* auf den Begriff bringt und die folgenreich wirkt, insofern Thomas seine Begrifflichkeit mit der Unterscheidung des Boethius zwischen *aliquid in eo quod est* und *esse aliquid* gleichsetzt. So kommt es zu einer Identifizierung des boethianischen *esse aliquid in eo quod est* mit dem thomasischen *esse simpliciter*, was Thomas als das eigentümliche Sein eines Subjekts definiert. Die Differenz zwischen *esse simpliciter* und *esse aliquid* wird auch anhand der unterschiedlichen Teilhabeweisen und der Reihenfolge in der Erkenntnisordnung interpretiert. In der anschließenden Kommentierung der Axiome 7 u. 8, die sich auf das Eine *(unum)* beziehen, wechselt Thomas von der intentionalen auf die sachliche Ebene, indem er die begrifflich erarbeitete Differenz auf das Sein in konkreter Zusammensetzung bzw. in Einfachheit anwendet. Im strengen Sinn von ›Eines‹ unterscheidet Thomas von jenem Sein, das wahrhaft einfach ist *(vere simplex)*, jene immateriellen Seinsformen, die nur in gewisser Hinsicht einfach sind, da sie nur durch Partizipation am *esse commune* ihr Sein haben.[102] Demgegenüber partizipiert das wahrhaft einfache Sein weder an anderem, noch ist es nach Weise der Zusammensetzung vervielfältigt oder verteilt. Gott als *vere sim-*

---

101 Die Partizipationsweise von Konkretem an Abstraktem wird mit keinem der drei vorangehenden Teilhabemodi ausdrücklich identifiziert; ob für sie deshalb ein eigener Status als 4. Teilhabemodus zu reklamieren ist, wird unterschiedlich beurteilt, vgl. Rudi A. te Velde, *Participation and Substantiality*, a. a. O., S. 79: »new mode of participation«, dagegen John F. Wippel, *The Metaphysical Thought*, a. a. O., S. 109, Anm. 40.

102 Die Ausdifferenzierung der Teilhabe durch Thomas vollzieht sich im Kontext der literal kommentierenden *Expositio* nur skizzenhaft. Gerade Verhältnisbestimmungen bzw. Unterscheidungen hinsichtlich der Partizipation am *actus essendi, ipsum esse* bzw. *esse commune* werden nicht eigens thematisiert. Ebenso wenig erfährt die Teilhabe der Wirkung an ihrer Ursache eine Vertiefung, vgl. *S. theol* I, q. 44, a. 1. Eine weiterführende Reflexion der Teilhabe an den verschiedenen Formen des Seins unter Einbeziehung einschlägiger Stellen bei Thomas bietet John F. Wippel, *The Metaphysical Thought*, a. a. O., S. 110–124.

plex allein subsistiert in wirklicher und ausschließlicher Identität seines Seins *(ipsum esse)* mit dem, was er ist *(id quod est)*. Die Axiomatik hinsichtlich des *bonum* wird unter dem Gedanken des Ähnlichkeitsstrebens nach je eigener Vervollkommnung *(perfectio)* im Sinn einer natureigenen Neigung *(inclinatio naturalis)* dargestellt.

2.3.4 Kapitel 3: Auslegung der boethianischen Fragedisposition

Gliederung in eine dreigeteilte Beschäftigung mit der Fragestellung (Darlegung, Lösung, Entkräftung von Einwänden)

1. Erläuterung der Grundannahme (Gutheit von allem, was ist) durch allgemeines Streben nach dem Guten auf Basis des Ähnlichkeitsstrebens
2. Erläuterung der dreiteiligen Problematisierung der Fragestellung (präzisierte Darstellung, Erörterung von Einwänden und Folge: Ausschluss der Grundannahme)
   - 2.1. Präzisierung der Frage durch Aporie zweier gegensätzlicher Weisen der Gutheit von Seienden
   - 2.2. Überprüfung der Gegensätzlichkeit zwischen: (A) Substantielle Güter durch Teilhabe *(aliquid esse per participationem)* und (B) Substantielle Güter durch das Wesen *(aliquid esse per essentiam)*
     - (a) Im Blick auf Teilhabeweise II – Bestätigung der Gegensätzlichkeit
     - (b) Im Blick auf Teilhabeweise I
       - I. Bestätigung der Gegensätzlichkeit nach platonischer Ideen-Lehre
       - II. Verneinung (!) der Gegensätzlichkeit nach aristotelischer Substanz-Lehre *(nihil prohibet, id quod participationem dicitur etiam substantialiter praedicari)*
     - (c) Hinweis zur Konsequenz der Gegensatzinterpretation auf Basis von (a)
   - 2.3. Erläuterung der Einwände gegen beide Alternativ-Weisen der Gutheit im Seienden (A) und (B)
     - (a) Interpretation der Widersprüchlichkeiten von Gutheit *per participationem* und *per substantiam* (= *per se*) im Blick auf Lösungsweg (A)
       - I. Bestätigung des Gegensatzes auf Basis einer wesensbezogenen Auffassung von *bonum per se* (insofern

bonum dem Gehalt einer Wesensdefinition eigen ist)

II. Verneinung des Gegensatzes auf Basis einer wesentlichen Teilhabe-Auffassung von *bonum per se* (insofern *bonum* als *proprium accidens* einem Subjekt *per se* (d.h. wesentlich) zugehört, gerade weil das Subjekt an dieser prädikativen Bestimmung des *bonum* teilhat)

III. Hinweis zur notwendigen Konsequenz boethianischer Gegensatzdarstellung auf Basis seiner Berücksichtigung der Teilhabelösung II (Subjektteilhabe am Akzidens) und seiner wesensbezogenen Auffassung von *per se*

IV. Erörterung eines Beispiels zur Bestätigung der Gegensätzlichkeit bei akzidenteller Teilhabe-Auffassung *(bonum wie album)*

V. Inkonsistenz zur Grundannahme (Ähnlichkeitsstreben) = Unannehmbarkeit der Teilhabealternative unter gegebenen Voraussetzungen

(b) Im Blick auf Lösungsweg (B) *bona secundum id ipsum quod sunt* und seine Folgen

I. Gutheit der Substanz aller Seienden *(ipsum esse bonum sit)*

II. Identität von Sein und Gutsein in allen Seienden *(idem est esse unicuique rei et bonum esse)*

III. Gleichheit mit dem Ersten Guten *(omnia sunt ipsum primum bonum)*

IV. Frevelhafte Schlussfolgerung: Pantheismus *(omnia entia sunt Deus)*

3. Ergebniserläuterung: Jeweilige Aporie der alternativen Lösungswege führt ins Dilemma der prinzipiellen Inkonsistenz mit der Grundannahme (Gutheit allen Seins)

Thomas folgt hier, nur mit kleineren Erläuterungszusätzen, eher gliedernd und strukturell erhellend denn auslegend der quaestionalen Disposition des Boethius. Die Ausgangsfrage des Boethius wird begrifflich in die scholastische Quaestio-Formulierung gefasst, ob Seiendes vermöge des Wesens oder der Teilhabe gut ist *(utrum entia sint bona per essentiam vel per participationem)*, was wiederum die begriff-

liche Transformation durch Thomas kenntlich macht. Einzig die von Boethius provozierte Aporie der Teilhabelösung erhält von Thomas eine wichtige Erklärung in zwei Schritten. Zum einen hat der Gegensatz, dass Seiendes entweder wesentlich oder partizipativ gut ist, nur dann eine Berechtigung, wenn Teilhabe nach Modus II (s. o.) oder in platonischem Verständnis des Modus I aufgefasst wird. Also nur, wenn Teilhabe so konzipiert wird, dass etwas außerhalb und isoliert von der Substanz eines Subjekts partizipiert wird (sei es ein Akzidenz oder die platonischen Ideen), ergibt sich in Bezug auf die Gutheit ein Widerspruch von substantiell und partizipativ. Ein Gegensatz, der sich im aristotelischen Verständnis auflöst.[103] Zum anderen analysiert Thomas die Redeweise von *bonum per se*. Auch diesbezüglich gibt er zu bedenken, dass die Ablehnung der Teilhabelösung nur insofern begründet ist, wenn unter *per se* verstanden wird, was zur Wesensdefinition eines Subjekts gehört. Eine andere Beurteilung ergäbe sich, wenn eine Bestimmung als eigentümliches Akzidens *(proprium accidens)* aufgefasst würde, das dem Subjekt *per se* eigen ist, aber gleichwohl nicht allein das Subjekt in seinem Wesensgehalt definiert.

2.3.5 Kapitel 4: Auslegung der boethianischen Lösung

Bestimmung des Wahrheitsgehalts der Frage durch (1.) hypothetische Voraussetzung, (2.) Erörterung entsprechender Folgen für die Gutheit der Dinge, (3.) Bestimmung der Gutheit der Dinge ohne hypothetische Voraussetzung

1. Kommentar zu den Möglichkeitsbedingungen der hypothetischen Voraussetzung
   1.1. Epistemologische Vorbemerkung: Abstraktionsfähigkeit des menschlichen Denkens zur Ermöglichung der hypothetischen Annahme

[103] Thomas führt seine diesbezügliche Interpretation der aristotelischen Auffassung nur skizzenhaft an. In den kurzen Hinweisen wird klar, dass er sich auf die Lehre bezieht, nach der Aristoteles den Ideen bzw. Allgemeinbegriffen eine jenseitig-selbständige Existenzweise abspricht und so Wesen und Eigenart allein im Substanzcharakter des Individuums selbst realisiert sieht. Einen kurzen Überblick über die aristotelische Substanzlehre und Ideenkritik sowie entsprechende Interpretationsansätze bietet Otfried Höffe, *Aristoteles*, München ³2006, S. 164–181.

- 1.2. Erläuterungen zur Ausblendung des ersten Guten als hypothetischer Annahme
  - (a) hinsichtlich der zweifachen Erkenntnisordnung
  - (b) hinsichtlich der begründeten Annahme, dass Gott ist
- 2. Kommentar zur Durchführung des hypothetischen Gedankenexperiments
  - 2.1. Folgen für Gutheit der Dinge: Verschiedenheit von *ipsa bonitas* und *ipsum esse*
  - 2.2. Beispiel einer mehrfach bestimmten Substanz
    - (a) mit differenten akzidentellen Bestimmungen – Problematik der Trennung von Sein und Gutsein
    - (b) bei Identität der Bestimmungen – Problematik der Seienden als Prinzip der Gutheit selbst
- 3. Bestimmung der realen Gutheit der Seienden in Differenz zum *primum bonum*
  - 3.1. Das *ipsum esse* der geschaffenen Dinge ist gut, bedingt durch ihre gewollte Hervorbringung durch Gott.
  - 3.2. Gutheit des Seins in den Dingen durch *habitus* zum ersten Guten als *causa*
  - 3.3. Differenzierung kreatürlicher Gutheit als *duplex bonitas*
    - (a) gemäß der Relationalität zum ersten Guten – *esse eorum est bonum*
    - (b) gemäß einer absoluten Gutheit – *esse eorum non est bonum*
  - 3.4. Gutheit des ersten Guten *secundum se et absolute*

In der Struktur des quaestionalen Verfahrenswegs interpretiert Thomas die von Boethius hier unterbreitete Lösung im Sinn der magistralen Determination, in welcher der Wahrheitsgehalt der Fragestellung zum Ausdruck gebracht wird *(determinat veritatem quaestionis)*. Dazu charakterisiert Thomas das von Boethius vorgetragene abstraktive Gedankenexperiment als *falsa suppositio*, weil eine Ausblendung des ersten Guten im Grunde genommen nicht möglich ist. Um die hypothetische Annahme zu rechtfertigen, bemüht Thomas eine differenzierte Sichtweise der Erkenntnisordnung in einem kurzen Reflex auf eine große Debatte, die im 13. Jh. um das Ersterkannte *(primum cognitum)* geführt wurde.[104] Wenngleich, so hält Thomas fest, gemäß

[104] Gott ist seiner Natur gemäß der Ersterkennende und in Bezug auf sich selbst

natürlicher Erkenntnisordnung *(ordo cognoscendi)* Gott ersterkannt ist, so wird dennoch in der Ordnung der erkennbaren Dinge, sofern sie uns betrifft *(ordo cognoscibilium quo ad nos)*, Sinnenhaftes zuerst erkannt. Der abstraktive Gedanke des Boethius, die Dinge unter Ausblendung des Guten in Betracht zu ziehen, erfährt bei Thomas erkenntlich eine Restriktion, wobei er die boethianischen Folgerungen der hypothetischen Annahmen referierend wiedergibt. Über den Text geht Thomas lediglich mit jener Erklärung hinaus, in der er die Gutheit der Dinge in aristotelischem Sinn als deren Vermögen *(virtus)* auffasst. Die von Boethius angebotene Lösung expliziert Thomas noch in einem abschließenden Passus. Anders als Gott, dem ersten Sein, dessen Natur und Wesen nichts als Gutheit ist, sind die sekundären Güter zwar auch gut, jedoch nicht gemäß ihres eigenen Wesensgehalts *(non secundum rationem propriae essentiae)*, das ja nicht die Gutheit selbst ist. Die Beziehung zum primären Guten bestimmt Thomas als Habitus der sekundären Güter zu ihrer Ursache *(causa)*.[105] Diese Kausalität wird im Blick auf die Seienden als deren Ursprung und Ziel verstanden. Gutheit im Geschaffenen ist nach Thomas zweifach bestimmbar *(duplex bonitas)*. Zum einen relational, d. h. aufgrund einer Beziehung zum ersten Guten, weshalb das Sein des Geschaffenen ebenso wie alles, was dieser Relation entspringt, gut ist. Zum anderen absolut, d. h. allein auf sich bezogen, nämlich hinsichtlich seiner jeweiligen Vollkommenheit *(perfectio)*, die dem geschaffenen Sein nicht wesentlich eignet *(secundum ipsum esse essentiale)*, sondern als etwas Hinzukommendes zu verstehen ist *(secundum ali-*

---

ersterkannt. Die Begründung bleibt Thomas an dieser Stelle schuldig, weshalb anzunehmen ist, dass die Leser des Kommentars hinreichend über den Sachverhalt informiert sind. Zur Thematik des Ersterkannten vgl. Wouter Goris, »Die Anfänge der Auseinandersetzung um das Ersterkannte im 13. Jahrhundert. Guibert von Tournai, Bonaventura und Thomas von Aquin«, in: *DSTFM* 10 (1999), S. 355–369.

105 Im Gegensatz zur temporär veränderlichen *dispositio* meint *habitus* ein andauerndes Innehaben, Im-Verhältnis-Stehen bzw. Sich-Verhalten von etwas entsprechend der eigenen Natur bzw. mit Intention auf ein bestimmtes Ziel. Diese habituelle Beschaffenheit bestimmt das sie innehabende Subjekt, was sich im Deutschen nur unzureichend wiedergeben lässt. In vorliegendem Fall geht es um die grundlegendste Bestimmung der Seienden zum Ursprung wie zum Ziel allen Seins, wie dies im deutschen Begriff »Sinn« konnotiert ist, vgl. dazu die etymologische und philosophische Reflexion zum Bedeutungsgehalt des Wortes ›Sinn‹ von Winfried Weier, *Sinn und Teilhabe* (SSPh 8), Salzburg 1970, S. 21–50.

quid superadditum), worin sich Thomas auf den zuvor geäußerten Gedanken des Guten als *virtus* bezieht. Wird die nicht-relationale Gutheit der Seienden im Blick auf den Vollkommenheitsgedanken betrachtet, ist ihr Sein selbst nicht gut. Denn die *perfectio* als uneingeschränkte Seinsvollkommenheit kommt nur jenem ersten Sein zu, das in jeglicher Hinsicht gut ist *(esse eius est secundum se et absolute bonum).* Bemerkenswerterweise findet das in Kapitel 2 skizzierte Teilhabekonzept (III) einer Wirkung an ihrer Ursache in dieser abschließenden Reflexion keine Wiederaufnahme.

2.3.6 Kapitel 5: Auslegung der vertiefenden Lösungsdiskussion und der Entkräftung von Einwänden

1. Erläuterung der Unähnlichkeit durch Habitus geschaffener Güter *(bonae creatae)* zum ersten Guten *(secundum habitudinem ad primum bonum)*
2. Auslegung der zusammenfassenden Schlussfolgerung und Erklärung, dass nur wirklich sein kann, was vom ersten Guten willentlich hervorgebracht ist *(non potuerunt esse in actu, nisi in quantum sunt producta a primo bono)*
3. Auslegung des ersten Einwands gegen das Schlussfazit und seine Entkräftung
   - 3.1. Undifferenzierte Übertragung des Ursprungsverhältnisses auf Weißes
   - 3.2. Dagegen Unterscheidung zwischen ihrem
     - (a) schlechthinnigem Sein *(esse simpliciter)* und dem
     - (b) wodurch sie weiß sind *(ex quo sunt alba)*
4. Auslegung des zweiten Einwands gegen das Schlussfazit und seine Entkräftung
   - 4.1. Undifferenzierte Übertragung des Ursprungsverhältnisses auf Gerechtes
   - 4.2. Dagegen Unterscheidung zwischen
     - (a) Wesensbezeichnung *(bonum)* und
     - (b) Handlungscharakteristik *(iustum)* sowie
     - (c) Gattungsbezug mit allgemeiner Geltung *(bonum)* und
     - (d) Artbezug mit speziellem Geltungsbereich *(iustum)*

Die vertiefende Auseinandersetzung mit der Antwort (1. und 2.) fasst Thomas noch als Teil der Lösungsdetermination auf. Dabei erläutert

er das boethianische Ergebnis vom Gutsein der Dinge durch ihr habituelles Ursprungsverhältnis zum ersten Guten *(secundum habitudinem ad primum bonum)*. In diesem Relationskonzept wird zum einen garantiert, dass geschaffenes Sein wirklich gut ist, ein *bonum creatum.* Auch mit diesem Begriff, der bei Boethius nicht verwendet wird, erhält dessen Konzept eine transformierende Qualifizierung. Zum anderen wird dadurch betont, dass sich geschaffenes Sein gänzlich einem Ursprung verdankt, dem es durch die Differenz von Ursache und Verursachtem weder im Guten noch im Sein gleichkommt. Darüber hinaus ergibt sich ein Unterschied durch die zusammengesetzte Beschaffenheit des Seienden, wohingegen im göttlichen Ursprung nichts ist, außer dem Wesen der Gutheit selbst *(nihil est in eo aliud nisi ipsa essentia bonitatis)*. Geschaffenes Sein ist relational zu dieser Herkunft gut, nicht absolut. Thomas nutzt den letzten Abschnitt, um nochmals einige begriffliche Zuordnungen zu thematisieren. So bezieht er eine ganze Reihe von Formulierungen *(substantialiter bonum, ipsum primum bonum et ipsum esse)* auf den göttlichen Ursprung der Dinge, dessen Differenz zum geschaffenen Sein anhand bestimmter Aussagen ausgewiesen wird *(eius esse est sua substantia, est ipsa essentia bonitatis, in eo non differt esse et quod est)*. Weil der gute Gott wollte, dass die geschaffenen Dinge sind, tragen sie in ihrem Sein den Sinngehalt des Guten *(ratio boni)*. Hinsichtlich der Einwände und ihrer Entkräftung beschränkt sich Thomas im Kern auf die Wiedergabe der boethianischen Argumentationslinien.

Obwohl beide Autoren mit dem Gedanken des höchsten Guten unter emanativer (Boethius) bzw. schöpferischer (Thomas) Perspektive operieren, berühren sie die Frage nach der Existenz des Übels (etwa als *privatio boni*) bzw. der damit verbundenen Seinsminderung ebenso wenig wie das mit der Thematik des *bonum est diffusivum sui* zusammenhängende Problem der Notwendigkeit bzw. Freiwilligkeit von Schöpfung bzw. Emanation.[106]

[106] Vgl. Klaus Kremer, »›Bonum est diffusivum sui‹. Ein Beitrag zum Verhältnis von Neuplatonismus und Christentum«, in: Wolfgang Haase (Hg.), *ANRW* II, Bd. 36, 2, Berlin / New York 1987, S. 994–1032.

2.4 Resümee im Blick auf Aspekte der Rezeption

Die Rezeption des thomasischen Kommentars zu *De Hebdomadibus* des Boethius verlief und verläuft bis heute vornehmlich anhand daraus exzerpierter Leitgedanken und deren Integration in übergreifende Lehrstücke bei Thomas.[107] Dabei eignen sich die im Text zahlreich aufscheinenden Aspekte zur weiterführenden Integration, da sie ohne den großen quaestionalen Rahmen und dessen Differenzierungsgewicht leichter handhabbar sind. Zu nennen wären hier u.a. Implikationen der Wissenschaftslehre und Epistemologie (etwa die Axiomatik auf Basis der *principia per se nota*, die logische Intentionalität im Verhältnis zur ontologischen Realität, implizite Verbindungen zur Thematik der Analogie, die Abstraktionslehre bzw. Anmerkungen zur Erkenntnisordnung etwa bzgl. des *primum cognitum*) sowie der Zusammenhang mit einer Metaphysik des Guten als Seinswirklichkeit im Verhältnis zur Kausalität des ersten Guten.[108] Die dominante Rezeptionslinie richtet ihre Aufmerksamkeit auf die Bedeutung des Kommentars für die thomasische Ontologie, hier insbesondere für die sog. Realdistinktion. So sind die Abhandlungen, die sich im Verlauf der Scholastik bis in unsere Tage in ihren ontologischen Erörterungen (etwa der Differenzierung von *esse* und *essentia*) auf den *Hebdomaden*-Kommentar beziehen, Legion.

Wird der Kommentar jedoch nicht als Fundgrube für Belegstellen genutzt, sondern in seiner Eigenständigkeit in den Blick genommen, ergibt sich eine bemerkenswert differente Bewertung der Auslegung des Thomas im Verhältnis zu ihrer boethianischen Vorlage.[109] Ja, die

---

107 Als Beispiele aus Monographien seien genannt Gallus M. Manser, *Das Wesen des Thomismus* (ThomSt 5), Freiburg/Schweiz ³1949, S. 513f.; Étienne Gilson, *Le Thomisme* (EPhM), Paris ⁶1965, S. 104–118; Hans Meyer, *Thomas von Aquin*, Paderborn ²1961, S. 124–133; Leo J. Elders, *Die Metaphysik des Thomas von Aquin in historischer Perspektive. I. Teil: Das ens commune*, a.a.O., S. 180–185, John F. Wippel, *The Metaphysical Thought of Thomas Aquinas*, a.a.O., S. 96–131.

108 Vgl. Eleonore Stump / Norman Kretzmann, »Being and Goodness«, in: Scott C. MacDonald (Hg.), *Being and Goodness*, a.a.O., S. 98–128; Rudi A. te Velde, »The Concept of the Good according to Thomas Aquinas«, in: Wouter Goris (Hg.), *Die Metaphysik und das Gute. Ansätze zu ihrem Verhältnis in Antike und Mittelalter*, Leuven u.a. 1999, S. 79–103.

109 Überblicksinformationen über wichtige Interpretationsbeiträge geben in jeweils eigener Perspektive auf das Problem: James Collins, »Progress ans Pro-

unterschiedlichen Einschätzungen hinsichtlich der gedanklichen Kontinuität bzw. Diskontinuität der Texte könnten größer nicht sein und hängen im Kern mit den Konzeptionen des Seinsbegriffs als entscheidender Schnittstelle beider Gedankengänge zusammen.[110] Bei allen Nuancen der Beiträge steht zumeist im Zentrum die Frage, ob dem boethianischen Verständnis von *esse* jene akthafte Seinsauffassung zugrunde liegt, die Thomas – samt der implizierten Differenz zum seinsbestimmenden Wesen *(essentia)* – betont, oder ob die Seinsbegrifflichkeit des Boethius in einem anderen, z. B. strikt essentiellen Sinn aufzufassen ist. Jede adäquate Beurteilung der thomasischen Interpretationsleistung hinsichtlich einer exegetisch korrekt analysierten oder aber überformten Problemlage von *esse* und *quod est* bei Boethius unterliegt dabei dem Kriterium der Eindeutigkeit der boethianischen Vorlage selbst, worüber in den Diskussionsbeiträgen keine

---

blems in the Reassessment of Boethius«, in: *MSM* 23 (1945), 1, S. 16–19 und Ralph McInerny, *Boethius and Aquinas*, Washington 1990, S. 161–198; einzelne Studien: M. Verda Clare, »›Whether everything that is, is good‹. Marginal notes on St. Thomas' exposition of Boethius' ›De Hebdomadibus‹«, in: *LTP* 3 (1947), 1, S. 66–76 (I); 3 (1947), 2, S. 177–194 (II); 5 (1949), 1, S. 119–140; Emmanuel Trépanier, »Saint Thomas et le ›De Hebdomadibus‹ de Boèce«, in: *LTP* 6 (1950), 1, S. 131–144; Gangolf Schrimpf, *Die Axiomenschrift des Boethius*, a. a. O., S. 119–138; Gerard Casey, »An explication of the ›De hebdomadibus‹ of Boethius in the light of St. Thomas Commentary «, in: *Thom* 51 (1987), 3, S. 419–434; Ralph McInerny, »Saint Thomas on *De hebdomadibus*«, in: Scott C. MacDonald (Hg.), *Being and Goodness. The Concept of the Good in Metaphysics and Philosophical Theology*, a. a. O., S. 74–97; Hilarius Kim Chun Oh, *Il concetto di Essere e la dottrina della partecipazione in alcuni opuscoli filosofici e teologici di san Tommaso d'Aquino* (De Trinitate di Boezio, De Ente et essentia, De Hebdomadibus di Boezio, De causis), (Diss.) Roma 1999; Stephen L. Brock, »Harmonizing Plato and Aristotle on *Esse*. Thomas Aquinas and the *De hebdomadibus*«, in: *Nova et Vetera*, Engl. Ed. 5 (2007), 3, S. 465–494.

110 Beispielhaft hierfür stehen die Meinungen von Janice L. Schultz / Edward A. Synan (Hg.), Introduction, in: *An Exposition of the ›On the Hebdomads‹ of Boethius*, a. a. O., S. xxvi: »This basic dissent on the application of the term *esse* faces everyone who deals with the present text, a commentary by Brother Thomas who used the term *esse* in a way totally at odds with the Boethian usage.« Dagegen Ralph McInerny, *Boethius and Aquinas*, a. a. O., S. xiv: »Boethius taught what Thomas said he taught.« Zu dieser These McInernys vgl. Andreas Speer, »The Hidden Heritage. Boethian Metaphysics and its Medieval Tradition«, in: Pasquale Porro (Hg.), *Metaphysica – sapientia – scientia divina*, a. a. O., S. 166 f.: »This completely a-historical construction, …, overlooks the fact that Thomas, in discovering the underlying idea of the Boethian metaphysics, dismissed it fundamentally.«

einhellige Ansicht erzielt wurde.[111] Im Blick auf den thomasischen Kommentar mögen die Differenzen zudem darin begründet sein, dass sich der Zugriff auf den Text sowohl durch variantenreiche Interpretationstendenzen scholastischer Schulen, die sich über Jahrhunderte etabliert haben, als auch durch thomistische Strömungen (transzendentaler bzw. existentialer Art) der jüngeren Vergangenheit beeinflusst zeigt. Doch auch dem so geprägten Blick sollte nicht entgehen, dass sich Thomas allgemein in keinem seiner Kommentare auf den Anspruch beschränkt, in eindimensionaler Exegese bloß den Autor wiederzugeben, sondern dessen Text bzw. dessen Gedanken im Blick auf die Wahrheit des Sachverhalts zu vermitteln, d.h. in seinem Sinn ergründend zu vertiefen und so weiterzudenken. Im speziellen Fall seines *Hebdomaden*-Kommentars bedeutet das, die boethianische Grundlage einerseits in seiner eigenen Begrifflichkeit und der damit einhergehenden Überformung zu vermitteln (z.B. *actus essendi* für *forma essendi*), andererseits den Text auf für ihn relevante Kontexte hin zu lesen, die sich fraglos anders gestalteten als noch bei Boethius (z.B. seine Gliederung der Axiome anhand der *transcendentia* und der darin anklingende transzendentale Charakter des Seienden und des Guten, die Ausdifferenzierung der Teilhabedoktrin, das Konzept der habituellen Ursprungsrelation).

Über die ontologische Debatte und die Diskussion um die begrifflichen Transformationen hinaus ergab gerade die Perspektive, dass Thomas den boethianischen Text auf weiterführende Felder hin öffnet, geradezu eine Renaissance von zwei Themen, die in ihrem Stellenwert für thomasisches Denken erst wieder im 20. Jahrhundert prominent wurden: die Lehre von den *transcendentia* und der *participatio.* Es ist von Bedeutung, dass beide Lehrstücke durch ihren dezidierten Rekurs auf den *Hebdomaden*-Kommentar dessen ontolo-

---

111 Dabei werden nicht nur die textimmanente Stringenz der verwendeten Seinsbegrifflichkeit bzw. die Kohärenz innerhalb der boethianischen Schriften selbst, sondern auch die Beeinflussung des Boethius durch philosophische Strömungen bzw. einzelne Autoren unterschiedlich gewichtet. Auch für die auf Boethius kommenden neuplatonischen Traditionen griechischer Provenienz ist der Hinweis zu bedenken, dass die Identifizierung bzw. Differenzierung von Wesen *(ousia),* Sein *(to einai)* und Existenz *(hyparxis)* offensichtlich in zwei Richtungen tendiert, was nicht zuletzt mit der Mehrdeutigkeit der Begriffe selbst zusammenhängt, deren Verständnis durch die Übertragung in lateinische Begrifflichkeit und Vorstellungswelten nicht eben unkomplizierter wird; vgl. Redaktion, Art. »Wesen«, in: *HWPh*, Bd. 12 (2004), coll. 623–626.

gisch konzentrierte Rezeption weiteten und so den für Boethius und Thomas so wesentlichen Aspekt des *bonum* wieder neu gewichten halfen. Gerade durch den Teilhabegedanken wurde der Gesamtkontext des *Hebdomaden*-Kommentars im Zueinander von Seinsursprung und geschaffenem Sein bzw. seiner Frage nach der Gutheit dessen, was ist, in seinem Verhältnis zu Gott als dem wahrhaft Guten in den Blick genommen.[112] In durchaus engem Zusammenhang mit der Partizipationsdoktrin erwies sich dabei die Lehre von den sog. Transzendentalien als zentraler Bezugspunkt thomasischen Denkens, insofern hierin etwa die Transzendentalität des Guten im Seienden (und die damit verbundene Qualifizierung geschöpflichen Seins) gerade nicht im Widerspruch, sondern in engster Kohärenz zur Transzendenz des Guten im Ursprung aller Dinge gesehen werden konnte.[113]

Diese Perspektive gibt Gelegenheit, den Kommentar in einem letzten Ausblick über seinen Textgehalt und die damit verbundenen Implikate hinaus auf seine Stellung in der übergreifenden Ordnung

---

[112] Den Gedanken der thomasischen Partizipation erörtern im Zusammenhang mit Reflexionen zum *Hebodmaden*-Kommentar insbesondere die Arbeiten von Louis-B. Geiger, *La participation dans la philosophie de S. Thomas d'Aquin*, a. a. O.; Cornelio Fabro, *La nozione metafisica di partecipazione secondo S. Tommaso d'Aquino*, a. a. O.; Cornelio Fabro, *Partecipazione e causalità secondo S. Tommaso d'Aquino* (Studi superiori), Torino 1960; Cornelio Fabro, »The Intensive Hermeneutics of Thomistic Philosophy. The Notion of Participation / transl. B. M. Bonansea«, in: *RMet* 27 (1973), 1, S. 449–491; Cornelio Fabro, »Partecipazione agostiniana e partecipazione tomistica«, in: *DoC* 39 (1986), S. 282–291; Thomas A. Fay, »Participation: the Transformation of Platonic and Neoplatonic Thought in the Metaphysics of Thomas Aquinas«, in: *DT* 76 (1973), S. 50–64; John F. Wippel, »Thomas Aquinas and Participation«, in: Ders. (Hg.), *Studies in Medieval Philosophy* (SPHP 17), Washington 1987, S. 117–158; William Norris Clarke, »The Meaning of Participation in St. Thomas«, in: Ders. (Hg.), *Explorations in Metaphysics. Being – God – Person*, Notre Dame / London 1994, S. 89–101; Rudi A. te Velde, *Participation and substantiality in Thomas Aquinas*, a. a. O.

[113] Josef Pieper, »Über das Gute und das Böse. Vier Vorlesungen (Thomas-Interpretationen)«, in: Ders., *Darstellungen und Interpretationen. Thomas von Aquin und die Scholastik*, hg. von Berthold Wald (Werke in acht Bänden, Bd. 2), Hamburg 2001, S. 1–57; Ludger Oeing-Hanhoff, *Ens et unum convertuntur. Stellung und Gehalt des Grundsatzes in der Philosophie des hl. Thomas von Aquin* (BGPhThMA 37,3), Münster Westf. 1953; Scott C. MacDonald, »The Metaphysic of Goodness and the Doctrine of the Transcendentals«, in: Ders. (Hg.), *Being and Goodness*, a. a. O., S. 31–55; Jan A. Aertsen, *Medieval Philosophy and the Transcendentals. The Case of Thomas Aquinas* (STGMA 52), Leiden u. a. 1996.

thomasischen Denkens zu öffnen. Lässt sich über die konkrete Auslegungsarbeit der boethianischen Quelle hinaus ein tiefer liegendes Motiv für die Auseinandersetzung mit der Frage nach der Gutheit allen Seins ausmachen? Einen Anhaltspunkt gibt uns Thomas selbst, wenn er mit der Verwendung des Begriffs *esse creatum* bzw. *bonum creatum* einen unübersehbaren Zusammenhang zur Schöpfungswirklichkeit herstellt. Nicht zu unrecht hat Gilbert K. Chesterton für Thomas den Beinamen »*a Creatore*« empfohlen. Die Frage nach der Gutheit geschöpflichen Seins ist für Thomas eine Schlüsselfrage für das rechte Verständnis von allem und dies nicht nur anlässlich der Auseinandersetzung mit häretischen Strömungen zu seiner Zeit.[114] Die Aufnahme des neuplatonischen Denkens von Ausgang und Rückkehr *(exitus – reditus)*, wie es ja auch der emanativen Vorstellung des Boethius zugrundeliegt, findet bei Thomas ein tiefes und gleichwohl differenziertes Echo, nicht zuletzt aufgrund der bei Boethius integrierten Teilhabe- und v.a. Willensthematik. Die negative Prägung des Seienden als – in platonisierender Sichtweise – vom Prinzip des Einen und Guten in die zersplitterte Vielheit und Entfremdung vom Ursprung Abgefallenes, erfährt hier eine grundlegend positive Transformation. Im Gedanken, dass Gott im freien Schöpfungsakt alles, was durch seinen Willen ins Sein gerufen wird, an seiner Gutheit teilhaben lässt und ihm, wie Thomas im *Hebdomaden*-Kommentar betont, nicht nur als eine solche Wirkursache, sondern auch als *causa finalis* Ziel und Orientierung verleiht, eröffnet sich eine umfassende Sinnperspektive der Seinswirklichkeit. »Nichtgöttliches Sein ist daher nicht in sich schon etwas Negatives, sondern ganz im Gegenteil positive Frucht eines göttlichen Wollens. Es beruht nicht auf einem Sturz, sondern auf einer Setzung Gottes, die gut ist und Gutes schafft.«[115] Die Differenz zwischen Schöpfer und Schöpfung bleibt hierbei gewahrt, insofern Geschaffenes nicht als materieller Teil eines göttlich-prozessualen Seins verstanden wird, was in pantheistische Vorstellungen mündet. An anderer Stelle betont Thomas sehr deutlich, dass die Dinge aus

[114] Den Schöpfungszusammenhang mit Gott reflektiert Thomas u.a. in den einleitenden Abschnitten zu Buch II der *Summa contra gentiles*. Bezeichnend für seine reziproke Betrachtungsweise ist der Hinweis, dass aufgrund einer gewissen Ähnlichkeitsbeziehung zwischen Schöpfung und Schöpfer Irrtümer hinsichtlich des Geschaffenen zu Irrtümern in Bezug auf Gott führen können, vgl. *S. c. gent.* II, c. 3.

[115] Joseph Ratzinger, *Der Geist der Liturgie*, Freiburg i. Br. [3]2000, S. 27.

Gott nicht emanativ hervorgehen, als besäßen sie ein Teil von ihm oder als wäre er das Sein *(esse formale)* aller Dinge.[116] Entscheidend für dieses Verständnis ist die kausale Auffassung der Partizipation nach der die mitgeteilte Vollkommenheit dem Verursachten durch die göttliche Ursache wesentlich aber nach Weise der jeweils bedingten Fassungskraft geschöpflichen Seins zukommt.[117] Das geschaffene Sein verdankt sich in diesem Sinn einem Freiheitsakt kreativer Güte, welche der unendlichen Vielfalt in ihrer je eigenständigen Art und Weise des Seins wesentlich ist. Aufs Ganze gesehen erschöpft sich diese Perspektive, die im vorliegenden Kommentar im Kern aufscheint, für Thomas ebenso wenig darin, Privileg intellektueller Spezialisten zu sein, wie sie als bloße religiöse Ansicht tragfähig ist. Der Blick auf die Schöpfungswirklichkeit als Herzstück thomasischen Denkens, oder vielleicht besser mit Jean-Pierre Torrell gesprochen als Charakteristikum seiner »Spiritualität«,[118] lebt vom Zusammenspiel beider Erkenntnisweisen, der theologischen Spekulation wie der philosophischen Reflexion, die – etwa mit Boethius – *via rationis* zur Gutheit des Seienden gelangt.[119] Thomas lässt dabei an anderer Stelle keinen Zweifel, dass philosophisches Denken hierbei von der *doctrina fidei* in Dienst genommen und erhellt wird, weshalb es – in der rechten Weise geübt – nicht im Widerspruch zur Glaubensüberzeugung stehen kann, die sich auf die Selbstoffenbarung Gottes stützt. So mündet die rationale Erkenntnis eines guten Prinzips in das Bekenntnis des guten Gottes, dem sich als innerstem Grund und Ziel alles verdankt und dessen guter Geist in allem ist, wie im Buch der Weisheit ausgedrückt.[120] Nicht umsonst führt Thomas seine Leser über eine Meditation zur göttlichen Weisheit an den Text heran und beendet seine *Expositio* mit der kurzen Doxologie: Gott sei durch alles gepriesen.

---

[116] Vgl. *In I Sent.* d. 8 q. 1 a. 2; *S. c. gent.* I, c. 26 u. 27; *S. theol.* I, q. 75, a. 5 ad 1.
[117] Vgl. *Sent. lib. I Ethic.* l. 6 n. 7.
[118] Jean-Pierre Torrell, *Magister Thomas*, a.a.O., S. 180. Vgl. Josef Pieper, »Kreatürlichkeit«, in: Ludger Oeing-Hanhoff (Hg.), *Thomas von Aquin 1274/1974*, München 1974, S. 47–71; Günther Pöltner, »Repräsentation und Partizipation. Zum Gedanken der Kreatürlichkeit des Seienden bei Thomas von Aquin«, in: *ThGl* 76 (1986), S. 447–467
[119] Vgl. *S. c. gent.* II, c. 4.
[120] Vgl. Weish 11, 24–12, 1.

3 Zur Textgrundlage und Übersetzung

Die kritische Ausgabe der Leonina-Edition führt eine Verbreitung des Thomas-Kommentars zur *Hebdomaden*-Schrift des Boethius in 33 Handschriften auf. Ein Autograph ist, anders als beim Trinitätskommentar, nicht überliefert. Das Stemma der Manuskripte erweist als zuverlässigste Abschriften eine Gruppe von Codices, die auf das Ende des 13. bzw. in die erste Hälfte des 14. Jh. datiert werden, mit einer Präferenz für die Codices N^2, Bu^1, Et und Lo^7 (s. u. Siglen der wichtigsten Codices).

Die erste, sicher datierbare Edition des Kommentars *De Hebdomadibus* erscheint zusammen mit dem Trinitätskommentar im Jahr 1488.[121] Der Kommentar ist seitdem in über 26 lateinischen Ausgaben veröffentlicht.

3.1 Ausgewählte Editionen und Übersetzungen

3.1.1 Boethius

3.1.1.1 Editionen

Quomodo substantiae in eo quod sint, bonae sint, ed. Jacques-P. Migne (Manlii Severini Boetii Opera omnia PL 64, 2), Paris 1891 ([1]1847), Sp. 1311–1314.

The theological tractates, ed. Hugh F. Stewart / Edward K. Rand (The Loeb classical library 74), London 1918. – Tract. III, S. 38–50.

De consolatione philosophiae. Opuscula theologica. Ed. altera, ed. Claudio Moreschini (Bibliotheca scriptorum Graecorum et Romanorum Teubneriana), München u. a. 2005 ([1]2000). – Tract. III, S. 186–194.

3.1.1.2 Übersetzungen

Die Theologischen Traktate, ed. Michael Elsässer (Philosophische Bibliothek 397), Hamburg 1988. – Tract. III, S. 34–45.

»Wie die Substanzen gut sind, sofern sie sind, obwohl sie nicht wesen-

---

[121] Zu den einzelnen Ausgaben vgl. die Einleitung *In Boet. De Trin.* (Ed. Leon. 50), ed. Pierre-M. J. Gils, S. 13–20. Bis auf die hier vermerkten Editionen Nr. 6, 17, 23, 26, wird *De Hebdomadibus* immer gemeinsam mit dem Kommentar zur boethianischen Trinitätsschrift veröffentlicht.

hafte Güter sind«, übers. K. Flasch, in: Kurt Flasch (Hg.), *Mittelalter* (Geschichte der Philosophie in Text und Darstellung 2), bibliogr. erg. Ausg., Stuttgart 1992 (^{1}1982), S. 127–132.

The theological tractates, with an english translation by Hugh F. Stewart and Edward K. Rand (The Loeb classical library 74), London 1918. Edited with *The consolation of philosophy*, ed. S. Jim Tester, London 1973 (Repr. Cambridge u. a. 2003). – Tract III, S. 39–51.

»Boethius' ›De hebdomadibus‹, trans. S. MacDonald. Appendix«, in: Scott MacDonald (Hg.), *Being and Goodness. The Concept of the Good in Metaphysics and Philosophical Theology*, Ithaca / London 1991, S. 299–304.

Opuscula sacra, Bd. 1: Capita dogmatica (Traités II, III, IV), ed. Alain Galonnier (Philosophes médiévaux 47), Louvain-La-Neuve u. a. 2007. – tract. III, S. 349–360.

Traités théologiques, ed. Axel Tisserand (Coll. «GF», 876), Paris 2000. – Tract. III, S. 122–135.

Courts Traités de Théologie. Opuscula Sacra, ed. Hélène Merle (Sagesses chrétiennes), Paris 1991. – Tract. III, S. 99–110.

La consolazione della filosofia – Gli opuscoli teologici, ed. Luca Obertello (I classici del pensiero), Milano 1979. – Tract. III, S. 379–391.

Opuscoli teologici, ed. Emanuele Rapisarda, Catania 1947 (2. ed. riveduta 1960). – Tract. III, S. 24–31.

Tratados teológicos, trad. C. Montemayor. *La consolación por la filosofía*, trads. E. M. de Villegas, A. de Aguayo (Consejo Nacional para la Cultura y las Artes), México 1989. [n.v.]

Cinco opúsculos teológicos (Opuscula sacra), textos traducidos y anotados por Julio Picasso Muñoz, Lima 2002. [n.v.]

3.1.2 Thomas von Aquin

3.1.2.1 Editionen

Expositio libri Boetii De ebdomadibus, edd. Louis J. Bataillon / Carlo A. Grassi (Ed. Leonina, Opera omnia 50), Roma / Paris 1992, S. 233–294.

Commentaria in Aristotelem et alios, ed. Roberto Busa (S. Thomae Aquinatis Opera Omnia / Indicis thomistici supplementum 4), Stuttgart-Bad Cannstatt 1980, S. 539–542.

Expositio super Boetium De Trinitate et De Hebdomadibus, ed. M. Cal-

caterra (Opuscula theologica 2), Taurinum / Roma (Marietti) 1954, S. 391–408.

Opuscula theologica et philosophica, Bd. 2 (Sancti Thomae Aquinatis Doctoris angelici ordinis praedicatorum Opera Omnia 17), Parma 1865 (repr. New York 1948–50), S. 339–348.

Opuscula varia, Bd. 2, ed. Stanislaus E. Fretté / Paul Maré (Doctoris angelici divi Thomae Aquinatis sacri ordinis F.F. Praedicatorum opera omnia 28), Paris (Vivès) 1889, S. 468–481.

Opsucula genuina philosophica, ed. Pierre F. Mandonnet (S. Thomae Aquinatis Opuscula omnia 1), Paris 1927, S. 165–192.

3.1.2.2 Übersetzungen

An Exposition of »On the Hebdomads« of Boethius, ed. Janice L. Schulz / Edward A. Synan. Washington, D.C. 2001.

»Exposition of ›On the Hebdomads‹ of Boethius«, in: Ralph McInerny (Hg.), *Thomas Aquinas Selected Writings* (Penguin Classics), London 1998, S. 142–162.

Sancti Thomae de Aquino Expositio super librum Boetii De Hebdomadibus. An Edition and a Study, ed. Peter O'Reilly, (Diss.) Toronto 1960. [n.v.]

Exposition of Boethius's »Hebdomads«, ed. Peter King 2004 – Internetressource: ⟨http://individual.utoronto.ca/pking/translations/AQUINAS.Expositionºf_Hebdomads.pdf⟩.

Opuscules de saint Thomas d'Aquin, trad. par l'abbé Védrine, Bd. 7, Paris (Vivès) 1985 ([1]1858). – Tract. III, S. 293–325. [n.v.]

Commenti a Boezio, ed. Pasquale Porro (Testi a fronte 107), Milano 2007 (1. ed. 1997). – Tract. III, S. 374–429.

L'essere e la partecipazione. Commento al libro di Boezio De ebdomadibus, ed. Carmelo Pandolfi (Philosophia 18), Bologna 1995. [n.v.]

Commenti ai libri di Boezio »De Trinitate«, »De Ebdomadibus«, ed. Carmelo Pandolfi (Opere di San Tommaso 6), Bologna 1997. – Tract. III, S. 259–289.

3.2 Hinweise für den Leser

Die Übersetzung basiert auf der von Louis J. Bataillon und Carlo A. Grassi besorgten kritischen Edition des Textes in der Leonina-Ausgabe. Im lateinischen Text wurden Zeichensetzung sowie Groß- und Kleinschreibung der kritischen Edition ebenso unverändert beibehalten wie die Absatzgliederung. Gleiches gilt für die Kursivschreibweise, welche die Zitation des boethianischen Texts durch Thomas anzeigt. Offenkundige Auslassungen wurden ergänzt. In den textkritischen Apparat wurden nur solche Varianten der Leonina-Edition übernommen, die in einer Gruppe von Handschriften abweichen und ein differentes Textverständnis anzeigen. Der boethianische Text wird im Wortlaut und in der Untergliederung entsprechend der Leonina-Edition wiedergegeben. Bedeutsame Veränderungen gegenüber der kritischen Edition von Moreschini werden summarisch mit namentlichem Hinweis auf diese Ausgabe vermerkt. Die zugrundeliegenden Textvarianten der einzelnen Handschriften und bisheriger Editionen sind dort im Einzelnen nachzuvollziehen. Die Schreibweise von beiden lateinischen Texten der kritischen Edition wurde mit wenigen Ausnahmen in die klassische Form der lateinischen Standardorthographie geändert. Die Bibelzitate und Stellenangaben des thomasischen Proömiums entstammen der Vulgata, deren Bücherbezeichnung und Verseinteilung. Sie wurden in der deutschen Übersetzung entsprechend den Loccumer-Richtlinien und Versgliederung der Einheitsübersetzung wiedergegeben (Bsp. Ecclesiastes 32, 15–16 = Jesus Sirach (Sir 32, 11–12)). Die Einheitsübersetzung gibt auf Basis ihrer griechischen Textgrundlagen die zitierten Stellen mitunter in einem Sinngehalt wieder, der die ursprüngliche Intention der thomasischen Auseinandersetzung auf Basis der Vulgata verdunkelt, weshalb zumeist eine wörtliche Übersetzung erfolgte.

Bei der Übersetzung der Texte wurde möglichst vermieden, Formulierungen (bei Boethius insbesondere die Konstruktionen mit *esse*) mit anderweitigen Begriffen (*essentia, existentia* usw.) wiederzugeben, welche die Lesbarkeit zwar erleichtern mögen, das Textverständnis aber in noch stärkerer Weise vorwegnehmen, als das durch die Übersetzung ohnehin zwangsläufig geschieht. Die Differenzkonstruktionen *(aliud … aliud)* wurden auf Kosten sprachlicher Eleganz beibehalten *(ein anderes … ein anderes)*, um Missverständnisse zu vermeiden, die durch bessere Formulierungen naheliegen könnten

(z. B. das eine ist … anderes ist …). Grundsätzlich wurde in der Übersetzung einer möglichst exakten Einbindung der boethianischen Zitate in den laufenden Text (in Kursivdruck) der Vorzug gegeben. Dadurch beeinträchtigte hypotaktische Satzkonstruktionen wurden zur besseren Lesbarkeit mitunter parataktisch vereinfacht. Fachtermini, die im jeweiligen Kontext kein präzises Äquivalent in der deutschen Begrifflichkeit haben, blieben unübersetzt (z. B. *intentio, habitus*).

Siglen der Codices[122]

N^{2}	Napoli, Bibl. Nazionale VII B 21 [Ende 13. bzw. Anfang 14. Jh.]
Bu^{1}	Budapest, Országos Széchényi Könytvár, Clmae 104 [1. Hälfte 14. Jh.]
C^{1}	Cambridge, Corpus Christi College 35 [Anfang 14. Jh.]
V^{1}	Città del Vaticano, Bibl. Apostolica, Vat. lat. 807 [14. Jh., gegen 1320]
	α = consensus codicum N^{2}, Bu^{1}, C^{1}, V^{1}
Et	Eton, College Libr. 130 [13./14. Jh.]
Lo^{7}	London, St. Paul's Cathedral Libr. 9 (40 B 14) [Ende 13. Jh.]
	δ = consensus codicum Et, Lo^{7}
	φ = consensus codicum α, δ
Ny^{5}	New York, Libr. of the Hispanic Society of America B 2716 [14. Jh]
P^{1}	Paris, Bibl. Nationale, lat. 14546 [Ende 13. bzw. Anfang 14. Jh.]
Sa^{6}	Salamanca, Bibl. Universitaria 2311 [15. Jh.]
V^{5}	Città del Vaticano, Bibl. Apostolica, Ottob. lat. 198 [Mitte 14. Jh.]
	β = consensus codicum Ny^{5}, P^{1}, Sa^{6}, V^{5}
V^{48}	Città del Vaticano, Bibl. Apostolica, Vat. lat. 4262 [13.–14. Jh.]
Wr^{40}	Wrocław, Bibl. Uniwersytecka IV.Q.13 [14. Jh.]
L^{17}	Leipzig, Universitätsbibl. 1438 [Mitte 15. Jh.]
	γ = consensus codicum V^{48}, Wr^{40}, L^{17}

---

122 Zur Datierung der Codices vgl. Louis J. Bataillon / Carlo A. Grassi (Hg.), »Préface«, in: *Expos. De ebd.* (Ed. Leon. 50), a. a. O., S. 235–238.

Bo^{10}	Bologna, Bibliotheca Comunale dell'Archiginnasio A. 563 [15. Jh.]
Bo^{2}	Bologna, Bibliotheca Universitaria 1655^{22} [15. Jh.]
C^{21}	Cambridge, Peterhouse 245 [14. Jh.]
L^{4}	Leipzig, Universitätsbibliothek 482 [14. Jh.]
O^{2}	Oxford, Corpus Christi College Library 225 [14. Jh.]
O^{20}	Oxford, Balliol College Library 247 [13.–14. Jh.]
P^{2}	Paris, Bibliothèque Ste Geneviève 238 [Anfang 14. Jh.]
Rd	Roudnice, Lobkovjcka Knihovna VI Fd 1 [13.–14. Jh.]
TL^{2}	Toulouse, Bibliothèque Municipale 215 [13.–14. Jh.]
V^{6}	Città del Vaticano, Bibl. Apostolica, Vat. lat. 808 [Anfang 15. Jh.]

Text und Übersetzung

Expositio libri Boetii De Hebdomadibus

I

Postulas ut ex ebdomadibus nostris eius quaestionis obscuritatem quae continet modum quo substantiae in eo quod sint bonae sint cum non sint substantialia bona digeram et paulo evidentius monstrem.

Idque eo dicis esse faciendum quod non sit omnibus notum iter huiusmodi scriptionum. Tuus vero testis ipse sum quam haec vivaciter fueris ante complexus.

Ebdomadas vero ego mihi ipse commentor, potius que ad memoriam meam speculata conservo quam cuiquam participo quorum lascivia ac petulantia nihil a ioco risuque patitur esse coniunctum[a].

Pro hinc tu ne sis obscuritatibus brevitatis adversus quae cum sint arcani fida custodia tum id habent commodi quod cum his solis qui digni sunt conloquuntur.

---

[a] coniunctum] seiunctum *Moreschini*

---

[1] Mit der Übersetzung des Gliedsatzes »in eo quod sint« bzw. anderer Stelle »in eo quod est« durch »in dem, was sie sind / was es ist« wird ein wörtlicher Bezug zur axiomatischen Formulierung »id quod est« hergestellt, der den boethianischen Bezug des Gutseins zum Wesen deutlich zum Ausdruck bringen will, vgl. *Quomodo substantiae* (tract. III) 5 (ed. Moreschini, S. 192[156f.]): *»nam bonum esse essentiam … respicit«*. In ähnlicher Weise verwendet Boethius die Formulierung in *De Trin.* (tract. I) c. 5 (ed. Moreschini, S. 178[297f.307]). Vgl. hierzu die Interpretationen von Gangolf Schrimpf, *Die Axiomenschrift des Boethius*, a. a. O., S. 8–11 u. 21 f.: »*In eo quod est* … bezeichnet ausschließlich das Wesen eines Dinges und zwar als das, was in der Definition des Dinges als dessen Wesensbestimmung gegeben wird. Es hat eine größere Nähe zur mehr logischen Erfassung eines Dinges«; Auf den Sprachgebrauch bei anderen Autoren verweist Luca Obertello (Hg.) *La consolazione della filosofia – Gli opuscoli teologici*, a. a. O., S. 381, Anm. 5. Dabei steht außer Frage, dass *quod* auch als faktische

Kommentar zur Hebdomaden-Schrift des Boethius

I. Vorrede des Boethius

Du drängst darauf, dass ich aus meinen Hebdomaden die Unklarheit jener Fragestellung geordnet durchnehme und ein wenig einsichtiger darlege, welche mit der Weise befasst ist, nach welcher Substanzen in dem, was sie sind, gut sind, wobei sie keine substantiellen Güter sind.[1]

Und dies, so machst du geltend, sei deshalb auszuführen, weil die Vorgehensweise derartiger Schriften nicht allen geläufig sei. Dabei kann ich selbst als Zeuge für dich auftreten, wie eifrig du bereits damit befasst gewesen bist.

In der Tat setze ich mich selbst mit den Hebdomaden auseinander, wobei ich das Erwogene lieber in meinem Gedächtnis bewahre, als dass ich einen von jenen daran teilhaben lasse, deren Überheblichkeit und Unbesonnenheit es hinnimmt, mit nichts als Klamauk und Lächerlichkeit in Verbindung zu stehen.

Darum sei du gegenüber Dunkelheiten der Kürze nicht abgeneigt, welche als verlässliche Hüter von Verborgenem zumal den Vorzug haben, sich einzig jenen mitzuteilen, die sich als würdig erweisen.

---

bzw. kausale Konjunktion im klassischen Latein gut belegt ist. Thomas liest Boethius entsprechend seiner Interpretation in diesem Sinn, vgl. seine Auslegung der Titelfrage »Dicitur enim quod *substantiae* creatae, in quantum sunt, *bonae* sunt«. In den zitierten Stellen bei Thomas wurde dennoch an der oben gewählten Übersetzungsvariante festgehalten, da die faktische Geltung der Konjunktion *quod* als Tatsachengrundlage (hier für die Feststellung der Gutheit von Substanzen) ursprünglich auf die grammatikalische Verwendung von *quod* als Relativpronomen rückführbar ist und zur Lesart unserer Übersetzung so nicht notwendig im Widerspruch steht, wenngleich sie eine Bedeutungsverschiebung kennzeichnet. Zum Verhältnis von relativer und konjunktionaler Verwendung, vgl. Raphael Kühner / Carl Stegmann, *Ausführliche Grammatik der lateinischen Sprache, II: Satzlehre*, 3. Auflage, Hannover 1955, S. 270; Manu Leumann u. a., *Lateinische Grammatik*, 2. Band: Johann B. Hoffmann, *Lateinische Syntax und Stilistik*, neubearb. von A. Szantyr (HAW II, 2, 2), München 1965, S. 572 ff.

Ut igitur in mathematica fieri solet ceterisque etiam disciplinis praeposui terminos regulasque quibus cuncta quae sequuntur efficiam.

[I.] *Communis animi conceptio est enuntiatio quam quisque probat auditam.*

Harum duplex est modus.[a] *Nam una ita communis est ut omnium sit hominum veluti si hanc proponas: si duobus aequalibus aequalia auferas quae relinquuntur aequalia esse, nullus id intellegens neget. Alia vero est doctorum tantum, quae tamen ex talibus communis animi conceptionibus venit ut est: quae incorporalia sunt in loco non esse; et cetera quae non vulgus sed docti comprobant.*

Praecurre prior in domum tuam, et illic advocare et illic lude, et age conceptiones tuas. Ecclesiastici 32, 15–16

Habet hoc privilegium sapientiae studium quod operi suo prosequendo magis ipsa sibi sufficiat. In exterioribus enim operibus indiget homo plurimorum auxilio, sed in contemplatione sapientiae tanto aliquis efficacius operatur quanto magis solitarius secum commoratur. Et ideo sapiens in verbis propositis hominem ad seipsum revocat dicens: *Praecurre prior in domum tuam*, id est ad mentem tuam ab exterioribus sollicite redeas antequam ab alio occupetur per

[a] est modus] divisio *Calcaterra* (ed. *Marietti*)

2 Vgl. *De Trin.* (tract. I) c. 2.

3 Die Zählweise der axiomatischen Grundsätze variiert. Da die *Leonina*-Ausgabe auf eine Bezifferung verzichtet, wird sie hier entsprechend der Ausgabe von *Moreschini* ergänzt, welche die übliche Nummerierung der meisten Handschriften und Editionen wiedergibt.

4 Vgl. *De Cons. Philos.* 3, 10, 7; Boethius bezeichnet jene allgemeinen Auffassungen im Zusammenhang seiner topischen Schriften auch als *principia per se nota* bzw. *propositiones maximae.* Da *conceptio* in der boethianischen Verwendung hier sowohl den intellektiven Erkenntnisakt als auch den Inhalt umfasst, wird der Begriff mit ›Auffassung‹ übertragen, der beide Aspekte konnotiert. Die Beispiele belegen hinlänglich, dass es um das begriffliche Auffassen bzw. die Auffassungen von Sachverhalten geht.

5 Aristoteles, *Analytica Posteriora* I, 10 (76a41–43); Euklid, *Elementa*, I communis conceptio 3.

6 Porphyrios, *Sententiae ad intelligibilia ducentes*, 1; vgl. *De Trin.* (tract. I) c. 5.

7 Mit *conceptiones* gibt die lateinische Übersetzung der Septuaginta den griechischen Begriff ›τὰ ἐνθυμήματά‹ (Sir 32,12 LXX) wieder. Thomas knüpft über diesen Begriff an die *conceptiones* des Boethius an.

Ich habe daher, wie es auch in der Mathematik und anderen Wissenschaftszweigen üblicherweise geschieht,[2] *Grundbegriffe und Grundsätze vorangestellt, aus denen ich alles entfalten werde, was folgt.*

[I.][3] *Eine gemeinsame Auffassung des Geistes ist eine Aussage, der jeder zustimmt, sowie er sie gehört hat.*[4]

Davon gibt es zwei Weisen. Denn eine [Auffassungsweise] ist so allgemein, dass sie allen Menschen eigen ist; wenn man beispielsweise feststellt: »Wenn von zwei Gleichen Gleiches weggenommen wird, ist gleich, was übrig bleibt«,[5] *– niemand, der das einsieht, würde es bestreiten. Die andere [Weise] dagegen ist allein Gelehrten eigen und kommt dennoch auch von solchen gemeinsamen Auffassungen des Geistes her, wie zum Beispiel: »Körperloses befindet sich nicht an einem Ort«*[6] *und weiteres, welchem zwar nicht die breite Masse, wohl aber die Gelehrten beipflichten.*

Einleitende Schriftauslegung zum Weisheitsstudium

Eile zuerst in dein Haus und dort sammle dich und spiele;
und entwickle deine Auffassungen (Sir 32, 11–12).[7]

Das Bemühen um Weisheit hat den besonderen Vorzug, dass es sich selbst umso mehr genügt, als es seiner Tätigkeit nachkommt.[8] Für äußere Tätigkeiten bedarf der Mensch nämlich der Hilfe von vielen, in Bezug auf die Betrachtung der Weisheit hingegen geht man umso wirkungsvoller vor, je zurückgezogener man für sich bleibt. Deswegen ruft der Weise mit den oben zitierten Worten den Menschen zu sich selbst zurück, indem er sagt: *Eile zuerst in dein Haus*, das bedeutet: kehre von den Äußerlichkeiten sorgsam zu deinem Geist zurück, bevor er von Fremdartigem in Beschlag genommen und durch diesbezügliche Besorgnis zerstreut wird.[9] Weshalb es im Buch der Weisheit

---

[8] Vgl. *S. theol.* I–II, q. 3 a. 5; II–II, q. 180 a. 7; im Hintergrund steht jeweils der von Aristoteles entwickelte Gedanke genussreicher Glückseligkeit als einer tugendhaften Tätigkeit des Menschen, entsprechend seiner höchsten, d. h. geistig der Weisheit zugewandten Möglichkeiten, wie sie die Philosophie bietet, vgl. Aristoteles, *Eth. Nic.* X, c. 10 (1177 a27–b1), kommentiert von Thomas, *Sent. lib. X Ethic.* l. 10, n. 7–11.

[9] Zum weisheitlichen Zusammenhang von *vita activa* und *contemplativa* und der Weisheit als Gabe *(donum)* vgl. *In III Sent.* q. 35.

cuius sollicitudinem distrahatur; unde dicitur Sap. 8, 16: »Intrans in domum meam, conquiescam cum illa«, scilicet cum sapientia. Sicut autem requiritur ad contemplationem sapientiae quod mentem suam aliquis praeoccupet ut totam domum suam contemplatione sapientiae impleat, ita etiam requiritur quod ipse totus per intentionem interius adsit, ne scilicet eius intentio ad diversa trahatur, et ideo subdit: *et illic*[a] *advocare*, id est totam intentionem tuam ibi congrega. Sic igitur interiori domo totaliter vacuata et homine totaliter per intentionem in ea existente, quid agendum sit exponit, subdens: *et illic lude*. Ubi considerandum est quod sapientiae contemplatio convenienter ludo comparatur propter duo quae est in ludo invenire. Primo quidem, quia ludus delectabilis est et contemplatio sapientiae maximam habet delectationem, unde Eccli. 34, 27 dicitur ex ore Sapientiae: »Spiritus meus super mel dulcis«. Secundo quia operationes ludi non ordinantur ad aliud sed propter se quaeruntur, et hoc idem competit in delectationibus sapientiae. Contingit enim quandoque quod aliquis apud se ipsum delectatur in consideratione eorum quae concupiscit vel quae agere proponit, sed haec delectatio ordinatur ad aliquid exterius ad quod nititur pervenire; quod si deficiat vel tardetur delectationi huiusmodi adiungitur non minor afflictio, secundum illud Eccli.[b] 33: »Risus dolore miscebitur«. Sed delectatio contemplationis sapientiae in se ipsa habet delectationis causam, unde nullam anxietatem patitur quasi expectans aliquid quod desit. Propter quod dicitur Sap. 8, 16: »Non habet amaritudinem conversatio illius nec taedium convictus illius«, scilicet sapientiae. Et ideo divina Sapientia suam delectationem ludo comparat, Prov. 8, 30: »Delectabar per singulos dies ludens coram eo«, ut per diversos dies diversarum veritatum considerationes intelligantur. Unde et hic subditur: *et illic age conceptiones tuas*, per quas scilicet homo cognitionem accipit veritatis.

---

[a] illic] illuc α β (-V^5) [b] *rectius* Prov. 14, 12.

---

[10] Zur Differenzierung von *delectatio*, *gaudium* und *laetitia* vgl. *In IV Sent.* d. 49 q. 3 a. 1 qc. 4.

[11] Zum Zusammenhang von weisheitlicher Betrachtung und Spiel vgl. *In I Sent.* d. 2 q. 1 a. 5 expos. Thomas betont an anderer Stelle, dass die spielerische und kontemplative Aktivität um ihrer selbst willen nicht dem Grundsatz von der Finalität allen Handelns widerspricht (›omne agens agit propter finem‹), vgl. *S. c. gent.* III, c. 2 n. 9; II, c. 83 n. 26.

[12] Vgl. *S. theol.* I–II, q. 38 a. 4 co.

8, 16 heißt: »Komme ich in mein Haus, werde ich bei ihr ausruhen«, das heißt bei der Weisheit. Wie es aber zur Betrachtung der Weisheit erforderlich ist, dass jemand seinen Geist schon vorweg zur Sammlung bringt, damit durch Betrachtung der Weisheit sein ganzes Haus erfüllt wird, so ist auch unerlässlich, dass er selbst durch gespannte Aufmerksamkeit innerlich ganz gegenwärtig ist, damit nämlich sein Augenmerk nicht auf Abwegiges gelenkt wird. Und deshalb ist hinzugefügt: *und dort sammle dich*, das heißt: konzentriere dort deine ganze Aufmerksamkeit. Was zu tun ist, wenn so im innerlichen Haus alles ganz leer geräumt und der Mensch mittels Aufmerksamkeit darin ganz zugegen ist, wird nachfolgend dargelegt: *und dort spiele*. Hierbei ist zu beachten, dass aufgrund zweier Aspekte, die beim Spiel zu finden sind, die Betrachtung der Weisheit in passender Weise mit einem Spiel verglichen wird. Zum ersten sicherlich, weil das Spiel vergnüglich ist und die Betrachtung der Weisheit höchstes Vergnügen bereitet.[10] Weswegen bei Sir 24, 20 durch den Mund der Weisheit gesagt wird: »Mein Geist ist süßer als Honig«. Zum zweiten, weil die Aktivitäten eines Spiels nicht auf anderes abzielen, sondern um ihrer selbst willen gesucht werden, und eben darin stimmt es mit den Vergnügungen der Weisheit überein.[11] Es kommt nämlich mitunter vor, dass jemand für sich selbst durch die Erwägung dessen, was er begehrt oder sich zu tun vornimmt, vergnügt wird. Dieses Vergnügen ist aber auf etwas Äußerliches gerichtet, was man zu erreichen sich bemüht. Wenn dieses jedoch ausbleiben oder sich verzögern sollte, ist ein derartiges Vergnügen mit keiner geringfügigen Niedergeschlagenheit verbunden, entsprechend jenem [Satz aus dem] Buch der Sprichwörter 14, 13: »Lachen ist mit Schmerz vermischt«. Das Vergnügen der Weisheits-Betrachtung hingegen birgt den Grund für die Vergnügung in sich selbst, weshalb auch kein Kummer zu erleiden ist, indem man sozusagen etwas erwartet, was ausbliebe.[12] Deswegen heißt es im Buch der Weisheit 8, 16: »Der Umgang mit ihr«, d. h. mit der Weisheit, »hat nichts Bitteres und das Zusammenleben mit ihr bringt keinen Verdruss«.

Und deshalb vergleicht die göttliche Weisheit ihr Vergnügen mit dem Spiel: »Vergnügen wurde mir Tag um Tag bereitet im Spiel vor seinem Angesicht« (Spr 8, 30), wobei unter den verschiedenen Tagen die Überlegungen von verschiedentlichen Wahrheiten zu verstehen sind. Weshalb hier auch angefügt wird: *und entwickle deine Auffassungen*, durch welche der Mensch nämlich die Erkenntnis der Wahrheit erfasst.

Huius ergo exhortationis[a] sectator Boetius hunc[b] de suis conceptionibus librum[c] nobis edidit qui *de ekdomatibus* dicitur, id est de editionibus, quia in graeco ›ekdidomi‹ idem est quod edere; in quo quidem libro Boetius duo facit. Primo enim praemittit prooemium. Secundo procedit ad operis tractatum, ibi: *Diversum est esse et id quod est* etc.

Circa primum tria facit. Primo ostendit de quo sit intentio. Secundo quomodo sit tradendum, ibi: *Idque eo dicis esse faciendum* etc. Tertio tradit ordinem quo procedendum est, ibi: *Ut igitur in mathematica fieri solet* etc.

Scribit autem hunc librum ad Iohannem diaconum romanae ecclesiae qui ab eo petierat ut *ex* suis *ekdomatibus*, id est editionibus, dissereret et exponeret quandam difficilem quaestionem per quam solvitur quaedam apparens contrarietas. Dicitur enim quod *substantiae* creatae, in quantum sunt, *bonae* sunt, *cum* tamen dicatur quod substantiae creatae *non* sunt *substantialia bona*. Sed hoc dicitur solius Dei proprium esse: quod enim convenit alicui in quantum est videtur ei substantialiter convenire. Et ideo si substantiae creatae in quantum sunt bonae sunt, consequens videtur quod sint substantialia bona.

Deinde cum dicit: *Idque eo dicis* etc., ostendit per quem modum hoc tradere vult, id est non plane sed obscure; et circa hoc tria facit. Primo ostendit quod intendit obscure dicere. Secundo ostendit hunc

---

[a] exhortationis] exordinacionis N² Bu¹ sRd exordinacionibus Lo⁷ exercitationis C¹ P² V⁶ [b] hunc] *om.* V⁵ V⁶ [c] hunc de suis conceptionibus librum] *om.* Bo² L⁴ O² Bo¹⁰, Tl² V¹

---

[13] Ich folge hier der traditionellen Schreibweise. Thomas liest – wie seine etymologischen Zusätze und die zuverlässigsten Codices kenntlich machen – vermutlich *Ekdomatas*. Vgl. dazu Einleitung 1.3.1. und 2.3.2.

[14] Die mangelnde Kohärenz zum Anspruch des vorangehenden Eingangssatzes, nämlich einer erbetenen Klarstellung, ist bemerkenswert. Thomas liest den Satz im Zusammenhang mit der nachfolgenden Passage und ihrem esoterischen Anspruch. Die Schlussbemerkung des Proömiums und nicht zuletzt der Duktus des Traktats mag ihn in seiner Auffassung bestätigt haben.

Kapitel 1: Auslegung der boethianischen Einleitung

Als Befolger dieser Aufforderung hat Boethius für uns dieses Buch über seine Auffassungen herausgegeben, das *De Hebdomadibus*[13] genannt wird, was ›von [literarischen] Ausgaben‹ bedeutet, denn im Griechischen ist ›ekdidomi‹ gleichbedeutend mit ›herausgeben‹. In diesem Buch unternimmt Boethius zweierlei. In einem ersten Schritt stellt er eine Einleitung voran. Im zweiten Schritt geht er zur Beschäftigung mit dem Werk über, an der Stelle: *Verschieden ist das Sein und das, was ist* usw.

In Bezug auf den ersten Schritt [= die Einleitung] macht er dreierlei. Erstens zeigt er, was seine Absicht ist. Zweitens auf welche Weise die Behandlung durchzuführen ist, wo es heißt: *Und zwar sei dies, so machst du geltend, deshalb auszuführen* usw. Drittens teilt er die Ordnung mit, nach der vorzugehen ist; wo es heißt: *wie es auch in der Mathematik und anderen Wissenschaftszweigen üblicherweise geschieht* usw.

1. Auslegung der Autorenabsicht (Adressat, Fragestellung)

Er schreibt dieses Buch an Johannes, einen Diakon der römischen Kirche, der von ihm erbat, *aus* seinen *Hebdomaden*, das heißt aus seinen Ausgaben eine bestimmte schwierige Fragestellung zu erörtern und darzulegen, durch welche eine offenkundige Widersprüchlichkeit gelöst wird. Es heißt dort nämlich, dass geschaffene *Substanzen*, insofern sie sind, *gut* sind, *wobei* gleichwohl gesagt wird, dass geschaffene Substanzen *keine substantiellen Güter* sind. Denn dies, so heißt es, ist allein Gott eigentümlich. Was einem nämlich zukommt, insofern es ist, scheint ihm der Substanz nach zuzukommen. Und wenn deshalb die geschaffenen Substanzen gut sind, insofern sie sind, scheint es folgerichtig, dass sie substantielle Güter sind.

2. Auslegung der Vorgehensweise

Wenn er darauf sagt: *Und zwar sei dies, so machst du geltend* usw., zeigt er, auf welche Weise er diesen Sachverhalt darlegen will, nämlich nicht offenkundig, sondern verdunkelt.[14] Dazu arbeitet er drei Punkte aus. Zuerst zeigt er an, dass er beabsichtigt, sich verdunkelt zu äußern. Zweitens weist er darauf hin, dass er diese Vorgehensweise für sich

modum esse sibi consuetum, ibi: *Ekdomatas vero* etc. Tertio concludit quod hic modus debeat ei esse acceptus, ibi: *Pro hinc tu etc.*

Dicit ergo primo quod ille ad quem scribit hoc ita[a] petebat praedicta *esse* facienda, quia via eorum quae hic scribenda sunt *non* esset *omnibus* nota qui non eodem desiderio ad hoc afficiebantur quo ipse, cui Boetius testimonium perhibet quod praedicta fuerat *vivaciter ante complexus*, id est vel perspicaciter intelligendo vel ferventer desiderando.

Deinde cum dicit: *Ekdomatas vero* etc. ostendit hunc modum etiam sibi esse consuetum, et dicit quod *ipse* solitus erat sibi commentari, id est componere vel excogitare, quasdam *ekdomatas*, id est editiones seu conceptiones, *quae potius* conservabat ea considerans *ad* sui *memoriam* quam participem eorum faceret aliquem illorum qui propter sui lasciviam et petulantiam, id est luxuriam et levitatem, *nihil* aliud *a ioco* et *risu* patiuntur *esse coniunctum*, id est ordinatum vel constructum. Detestantur enim si quis aliquem sermonem coniunxerit aut ordinaverit non ad ludum sed ad seria pertinentem.

Deinde cum dicit: *Pro hinc tu* etc., concludit[b] ex praemissis quod obscurum sermonem debeat gratanter suscipere utpote qui talem sermonem ipse petierat, et hoc est quod dicit *pro hinc*, quia scilicet hoc fecisti ne iter nostrarum descriptionum esset omnibus pervium, *ne sis adversus*, id est contrarius, *obscuritatibus brevitatis*, id est obscuritati

---

a ita] non φ(-Lo⁷) β V⁴⁸ sL¹⁷ enim Lo⁷ *om.* pL¹⁷ b concludit] ostendit γ

---

15 Der Zusatz auf einen nicht in gleicher Weise bei allen anzutreffenden Wissensdurst ist nicht durch Boethius gedeckt, verdeutlicht aber nochmals die erwähnte Modifizierung in der thomasischen Lesart. Die zahlreichen Textvarianten der Handschriften zeigen diesbezüglich beträchtliche Verständnisprobleme der Rezipienten, vgl. Louis J. Bataillon / Carlo A. Grassi (Hg.), »Préface«, in: *Expos. De ebd.* (Ed. Leon 50), a. a. O., S. 254 f.

16 *Commentari* weist eine beträchtliche Bedeutungsbreite auf, welche von der gedanklichen Auseinandersetzung (an die Boethius wohl denkt, wenn er seine Überlegungen lieber im Gedächtnis bewahren will) bis hin zu schriftlich entworfenen Erläuterungen geht (was impliziert scheint, wenn Boethius von der unbekannten Vorgehensweise ›solcher Schriften‹ spricht), vgl. »commentor, -ari«, in: *Georges-LDHW* Bd. 1, S. 1304. Thomas trägt beiden Optionen Rechnung, indem er den Begriff auf schriftliche und gedankliche Auseinandersetzung *(editiones seu conceptiones)* anwendet, die Boethius abfasst bzw. überdenkt *(componere vel excogitare)*.

gewohnt ist, dort [wo es heißt]: *In der Tat, ich selbst bedenke für mich die Hebdomaden* usw. Drittens endet er damit, dass ihm [dem Diakon Johannes] diese Weise annehmbar sein solle, dort [wo es heißt]: *Darum sei du* usw.

Er sagt also zuerst, dass jener an den er schreibt, erbeten hat, dies in der eben erwähnten Weise auszuführen, weil der Verfahrensweg jener Angelegenheiten, die hier zu beschreiben sind, *nicht allen* bekannt sei, die nicht vom selben diesbezüglichen Verlangen angeregt wurden, wie er [der Diakon Johannes].[15] Diesem stellt Boethius das Zeugnis aus, dass er mit dem Erwähnten *bereits eifrig befasst* gewesen *ist*, das heißt teils im einsichtsvollen Verstehen, teils im brennenden Verlangen danach.

Wenn er hierauf sagt: *In der Tat [setze ich mich selbst] mit den Hebdomaden* usw., weist er diese Vorgehensweise auch für sich als gebräuchlich aus und sagt, dass er selber es gewohnt war, sich [damit] auseinanderzusetzen,[16] was bedeutet, gewisse *Hebdomaden*, also Ausgaben bzw. Auffassungen abzufassen oder zu überdenken. Die diesbezüglichen Überlegungen bewahrte er *lieber in* seinem *Gedächtnis*, als jenen daran Anteil zu gewähren, die aufgrund eigener Überheblichkeit und Unbesonnenheit, das heißt aus Übermut und Gedankenleichtsinn, nichts anderes zulassen, als was mit *Klamauk* und *Lächerlichkeit* in Verbindung steht, das heißt [nichts,] was geordnet bzw. gegliedert ist. Sie verabscheuen es nämlich, wenn jemand ein bestimmtes Gesprächsthema in einen Zusammenhang gestellt oder in einer Ordnung vorgetragen hat, die nicht auf Spielerei, sondern auf Ernsthaftes abzielt.[17]

Wenn er hierauf sagt: *Darum sei du* usw., folgert er aus dem Vorausgeschickten, dass er [= Johannes] die verdeckte Redeweise gern annehmen solle, da er ja selbst um eine solche Ausdrucksweise gebeten hatte. Eben das ist es, was er [= Boethius] mit ›*darum*‹ besagt: du [= Johannes] hast dies nämlich getan [d.h. diese Bitte geäußert], damit die Vorgehensweise unserer Erklärungen nicht allen zugänglich ist. *Sei nicht abgeneigt* bedeutet widerstrebend. Mit *den Dunkelheiten der Kürze* ist die Dunkelheit des vorliegenden Buches gemeint, welche

---

[17] Dieser Seitenhieb gegen Ignoranten erklärt zusätzlich die Motivation der einleitenden Weisheitsspekulation und deren Überleitung auf Boethius. Gerade die intendierte Ordnung und Vorgehensweise des *Hebdomaden*-Kommentars weisen dessen Autor in den Augen des Thomas als *sapiens* aus, vgl. *S. c. gent.* I, c.1 n.2.

praesentis libri quae est brevitati coniuncta; ex hoc enim quod aliqua breviter dicuntur magis solent esse obscura. Obscuritas autem cum secretum fideliter custodiat hoc affert utilitatis quod loquitur solum *cum* illis *qui digni sunt*, id est cum intelligentibus et studiosis qui digni sunt ad secreta sapientiae[a] admitti.

Deinde cum dicit: *Ut igitur in mathematica fieri solet* etc., ostendit quo ordine sit procedendum ut videlicet per ea quae sunt per se nota; et circa hoc duo facit. Primo ponit ordinem procedendi. Secundo notificat illa ex quibus procedere intendit, ibi: *Communis animi conceptio.*

Dicit ergo primo quod ipse intendit primo proponere quaedam principia per se nota quae vocat *terminos* et *regulas*, terminos quidem quia in huiusmodi principiis stat omnium demonstrationum resolutio, regulas autem quia per ea dirigitur aliquis in cognitione sequentium conclusionum. Ex huiusmodi autem principiis intendit concludere et facere nota omnia quae consequenter tractanda sunt, sicut fit in geometria et in aliis demonstrativis scientiis, quae ideo dicuntur disciplinae quia per eas discipulis aggeneratur[b] scientia ex demonstratione quam magister proponit.

Deinde cum dicit: *Communis animi conceptio est* etc., notificat praedicta principia per se nota, et primo per definitionem, secundo per divisionem, ibi: *Harum autem duplex est modus* etc.

Circa primum considerandum est quod huiusmodi principia, quae sunt termini quia regulae demonstrationum sunt, vocantur communes *animi* conceptiones. Definit ergo communem animi conceptionem dicens: *Communis animi conceptio est quam quisque probat auditam*, id est quam quilibet approbat statim ut eam audit. Aliae enim

---

[a] sapientiae] specie α [b] aggeneratur] aggregatur γ

---

[18] Unter *conceptio* (als gedanklicher ›Auffassung‹) versteht Thomas sowohl die Tätigkeit des Intellekts, wodurch etwas verstanden wird, als auch den aufgefassten Verstandesinhalt, vgl. *De veritate* q. 4 a. 2 ad 3. Zu *conceptiones communes animi* als *principia per se nota* vgl. auch *S. theol.* I, q. 2 a. 1 co; *De anima* a. 14 ad 16; *Expos. Post.* I, 19, n. 2.

[19] Thomas widmet weite Teile seines Trinitätskommentars der boethianischen Einteilung der theoretischen Wissenschaften (q. 5) sowie ihrer Unterteilung im Blick auf die differenzierte Methodik (q. 6). Zur Dreiteilung der spekulativen Wissenschaften, vgl. *In De Trin.* q. 5 u. 6.

[20] Vgl. *Expos. Post.* I, 1, n. 10.

mit der Kürze einhergeht. Aufgrund der Tatsache nämlich, dass gewisse Dinge kurz gefasst geäußert werden, liegen sie für gewöhnlich noch mehr im Dunkeln. Wenn jedoch die Dunkelheit Geheimnisvolles treu bewacht, bietet sie diesen Vorteil, allein *mit* jenen zu sprechen, *die sich als würdig erweisen*, das heißt mit den Einsichtigen und Wissbegierigen, die würdig sind, zu den Geheimnissen der Weisheit zugelassen zu werden.

3. Auslegung der methodischen Orientierung

Wenn er hierauf sagt: *wie es auch in der Mathematik und anderen Wissenschaftszweigen üblicherweise geschieht* usw., zeigt er an, nach welcher Ordnung vorzugehen ist, nämlich vermittels jener Dinge, die aus sich heraus evident sind. Diesbezüglich unternimmt er zweierlei. Erstens legt er die Ordnung der Vorgehensweise fest. Zweitens kennzeichnet er jene Ausgangspunkte, von denen aus er beabsichtigt vorzugehen, dort [wo es heißt]: *Eine gemeinsame Auffassung des Geistes* usw.

Er sagt also anfänglich, dass seinerseits beabsichtigt ist, zuerst bestimmte selbstevidente Prinzipien voranzustellen, die er *Grundbegriffe* und *Grundsätze* nennt.[18] ›Grundbegriffe‹ [heißen sie] nämlich, weil auf derartigen Prinzipien die Rückführung aller Beweisgänge beruht, ›Grundsätze‹ aber, weil man durch sie zur Erkenntnis der daraus folgenden Schlüsse geleitet wird. Aus derartigen Prinzipien beabsichtigt er Schlussfolgerungen zu ziehen und alles verständlich zu machen, was nachfolgend behandelt werden soll. Gerade so wie es in der Geometrie und anderen Wissenschaften geschieht, die beweisend vorgehen.[19] Deshalb werden sie auch Lehrfächer genannt werden, weil bei den Belehrten mittels Beweisführung, die der Lehrmeister vorlegt, Wissen erzeugt wird.[20]

Wenn er hierauf sagt: *Eine gemeinsame Auffassung des Geistes* usw., macht er die angesprochenen, selbstevidenten Prinzipien bekannt, erstens durch Definition und zweitens durch Unterteilung; dort [wo es heißt]: *davon gibt es zwei Weisen* usw.

Hinsichtlich des ersten Punktes ist zu bedenken, dass derartige Prinzipien, welche Grundbegriffe sind, weil sie die Grundsätze der Beweisführung bilden, gemeinsame Auffassungen des Geistes genannt werden. Er definiert also das gemeinsame Auffassen des Geistes, indem er festhält: *Eine gemeinsame Auffassung des Geistes ist eine Aussage, der jeder zustimmt, sowie er sie gehört hat*, das bedeutet, der jeder

propositiones quae ex his demonstrantur non statim ex ipso auditu approbantur, sed oportet quod per aliqua alia fiant nota. Hoc autem non est procedere in infinitum, unde oportet pervenire ad aliqua quae statim per se sunt nota, unde dicuntur communes animi conceptiones et communiter cadunt in conceptione cuiuslibet intellectus. Cuius ratio est quod praedicatum est de ratione subiecti et ideo statim nominato subiecto et intellecto quid sit, statim manifestum est praedicatum ei inesse.

Deinde cum dicit: *Harum autem duplex est modus*, dividit praedicta principia dicens quod praedictarum communium animi conceptionum *duplex est modus*. Quaedam enim animi conceptiones sunt communes omnibus hominibus sicut ista: *si ab aequalibus aequalia auferas quae relinquuntur* sunt *aequalia*. Alia *vero* est animi conceptio communis solum doctis quae derivatur a primis *animi conceptionibus* quae sunt omnibus hominibus communes, et huiusmodi *est*: *incorporalia non esse in loco*, quae *non* approbatur a vulgo *sed* solum a sapientibus. Huius autem distinctionis ratio est quia cum communis animi conceptio vel principium per se notum sit aliqua propositio, ex hoc quod praedicatum est de ratione subiecti, si idem id quod significatur per subiectum et praedicatum cadat in cognitione omnium, consequens est quod huiusmodi propositio sit per se nota omnibus, sicut quid sit aequale omnibus est notum et similiter quid sit subtrahi; et ideo praedicta propositio est omnibus per se nota, et similiter: »omne totum est maius sua parte«, et alia huiusmodi. Sed ad apprehendendum rem incorpoream, solus intellectus sapientum consurgit, nam vulgarium hominum intellectus non transcendunt imaginationem, quae est solum corporalium rerum, et ideo ea quae sunt propria corporum, puta esse in loco circumscriptive, intellectus sapientum statim removet a rebus incorporeis, quod *vulgus* facere non potest.

---

[21] Zur Inhärenz des Prädikats im Subjektbegriff, vgl. *S. theol.* I, q. 2 a. 1 co.

[22] Vgl. *In De Trin.* q. 6 a. 2 c.; *S. c. gent.* II, c. 66 n. 4. Zu Wesen und Struktur des Erkennens vgl. *De veritate* q. 2 a. 2 co.; *S. theol.* I, q. 84–86. Eine hinführende Interpretation zur thomasischen Erkenntnistheorie bietet Albert Zimmermann, *Thomas lesen*, a. a. O., S. 151–172.

sofort zustimmt, wenn er sie hört. Andere Aussagen, die aus diesen [Auffassungen] bewiesen werden, erhalten die Zustimmung nicht sofort im Moment des Hörens, sie müssen vielmehr durch einige andere erkannt werden. Das heißt aber nicht, bis ins Unendliche fortzuschreiten, weshalb es gilt, zu bestimmten Punkten zu gelangen, die unmittelbar aus sich heraus evident sind, weswegen sie auch gemeinsame Auffassungen des Geistes genannt werden und in gemeinsamer Weise in das Auffassen eines jeden Intellekts fallen. Die Begründung hierfür liegt darin, dass ein Prädikat den Sinngehalt des Subjekts anbelangt. Daher wird unmittelbar bei Nennung des Subjekts und im Verstehen, was es ist, sofort offenkundig, dass das Prädikat in diesem enthalten ist.

Wenn es dann heißt: *Davon gibt es zwei Weisen* usw., unterteilt er die angesprochenen Prinzipen, indem er festhält, dass es *eine zweifache Weise* der besagten gemeinsamen Auffassungen des Geistes gibt. Bestimmte Vorstellungen des Geistes sind nämlich allen Menschen gemeinsam, wie etwa diese: *Wenn von zwei Gleichen Gleiches weggenommen wird, ist gleich, was übrig bleibt.* Etwas anderes *jedoch* ist die gemeinsame Auffassung des Geistes, welche allein den Gelehrten eigen ist, die von den ersten *Auffassungen des Geistes* herrührt, welche allen Menschen gemeinsam sind. Dieserart ist etwa: *Körperloses befindet sich nicht an einem Ort*, welchem *nicht* von der breiten Masse, *sondern* nur von Gebildeten beigepflichtet wird. Die Begründung für diese Unterscheidung lautet: Eine gemeinsame Auffassung des Geistes bzw. ein selbstevidentes Prinzip ist eine bestimmte Aussage, insofern [darin] ein Prädikat den Sinngehalt eines Subjekts anbelangt. Wenn [daher] gleichfalls das, was vom Subjekt und Prädikat bezeichnet wird in die Erkenntnis aller fällt, so folgt daraus, dass eine derartige Aussage aus sich heraus allen evident ist, wie [im Beispielssatz] allen begreiflich ist, was ›Gleiches‹ ist, und ebenso was ›wegzunehmen‹ bedeutet. Eben deshalb ist die zuvor genannte Aussage für alle aus sich heraus evident, wie beim ähnlichen Fall: »Jedes Ganze ist größer als sein Teil«, und Verschiedentliches dieser Art.[21] Doch nur der Intellekt von Gebildeten schwingt sich dazu auf, eine körperlose Realität zu begreifen, denn der Intellekt von gewöhnlichen Leuten übersteigt nicht die [bildliche] Vorstellungskraft, die nur mit körperlichen Dingen zu tun hat. Was daher Eigentümlichkeiten von Körpern sind, wie beispielsweise räumlich exakt begrenzt zu sein, entfernt der Intellekt gebildeter Menschen unmittelbar von körperlosen Realitäten, was ein *gewöhnlicher Mensch* nicht zu leisten vermag.[22]

II

[II.] *Diversum est esse et id quod est.*

Ipsum enim[a] *esse nondum est. At vero quod est accepta essendi forma est atque consistit.*

[III.] *Quod est participare aliquo potest, sed ipsum esse nullo modo aliquo participat. Fit enim participatio cum aliquid iam est. Est autem aliquid cum esse susceperit.*

[IV.] *Id quod est habere aliquid praeterquam quod ipsum est potest. Ipsum vero esse nihil aliud praeter se habet admixtum.*

[V.] *Diversum est*[b] *tamen esse*[c] *aliquid et esse aliquid in eo quod est. Illic enim accidens, hic substantia significatur.*

[VI.] *Omne quod est participat*[d] *eo quod est esse ut sit. Alio vero participat ut aliquid sit. Ac per hoc id quod est participat eo quod est esse ut sit. Est vero ut participet alio quolibet.*

[VII.][e]*Omni composito aliud est esse, aliud ipsum est.*

[VIII.] *Omne simplex esse suum et id quod est unum habet.*

[IX.] *Omnis diversitas discors, similitudo vero appetenda est.*

Et quod appetit aliud, tale ipsum esse naturaliter ostenditur quale est illud hoc ipsum quod appetit.

Sufficiunt igitur quae praemisimus. A prudente vero rationis interprete suis unumquodque aptabitur argumentis.

Supra Boetius dixerat hoc ordine se processurum ut prius praemitteret quosdam terminos et regulas ex quibus ad ulteriora procederet, et ideo secundum ordinem praetaxatum primo incipit praemittere

---

[a] enim] vero *Moreschini* [b] diversum est] diversum *Moreschini* [c] tamen] tantum *Moreschini* [d] Omne quod est participat] Omne quod participat *Moreschini* [e] Zählweise differiert: VIII Omni composito … ipsum est] *post* VII Omne simplex … unum habet *Moreschini.*

---

[23] Vgl. *De Trin.* (tract. I) c. 1 (ed. Moreschini, S. $169^{81-83.99}$–170^{90-94}). Die Übersetzung folgt hier der Interpunktion der kritischen Ausgabe, die das »id quod est« wieder aufgreift. Alternativ ergäbe sich sonst: »Was hingegen eine Seinsform angenommen hat, ist und hat Bestand.«

[24] Entsprechend der Ed. Moreschini ließe sich alternativ übersetzen: »Alles was am Sein teilhat, um zu sein, partizipiert an anderem, um etwas zu sein.«

II. Die Axiome des Boethius

[II.] *Verschieden ist das Sein und das, was ist. Sein selbst nämlich ist noch nicht; doch was ist, ist und hat Bestand, wenn es eine Seinsform angenommen hat.*[23]

[III.] *Was ist, vermag an anderem teilzuhaben; Sein selbst jedoch hat in keiner Weise an anderem teil. Teilhabe geschieht nämlich [erst], wenn schon etwas ist. Es ist aber etwas, weil es Sein aufgenommen hat.*

[IV.] *Das, was ist, kann außer [dem], was es selbst ist, noch etwas [zusätzlich] haben. Sein selbst indes hat außer sich nichts anderes beigemengt.*

[V.] *Es ist dennoch verschieden, etwas zu sein und etwas zu sein, in dem, was ist. Im ersten Fall nämlich wird ein Akzidens bezeichnet, im zweiten die Substanz.*

[VI.] *Alles, was ist, hat an dem teil, was Sein ist, damit es ist.*[24] *An anderem indes partizipiert es, damit es etwas ist. Und deswegen hat das, was ist, an dem teil, was Sein ist, damit es ist; es ist jedoch, damit es an anderem partizipiert.*

[VII.][25] *Bei allem Zusammengesetzten ist zu sein etwas anderes als das Sein selbst.*

[VIII.] *Alles Einfache hat sein Sein und das, was es ist, als eines.*

[IX.] *Jede Verschiedenheit weicht voneinander ab, doch gerade Ähnlichkeit ist anzustreben. Und was anderes erstrebt, wird naturgemäß selbst als so beschaffen erwiesen, wie es jenes selbst ist, das es erstrebt.*

Was vorausgeschickt wurde, reicht also aus. Doch gerade von einem klugen Interpreten der Erörterung wird jedes einzelne [der Axiome] seinen Argumenten angepasst werden.

Kapitel 2: Auslegung der boethianischen Axiomatik

Boethius hatte oben gesagt, sich im Verlauf [der Erörterung] an die Ordnung zu halten, zunächst einige Grundbegriffe und Grundsätze vorauszuschicken, von denen aus er zu entfernter liegenden weitergehen würde. Deshalb beginnt er, gemäß der vorab bestimmten Ord-

[25] Die Leonina-Ausgabe gibt die Axiome in der Reihenfolge der Kommentierung durch Thomas wieder, indem sie (in Umkehrung der kritischen Edition) Axiom VIII »*Omni composito* …« vor Axiom VII »*Omne simplex esse*« bringt.

quasdam regulas sive conceptiones quasdam sapientum. Secundo ex illis incipit argumentari, ibi: *Quaestio vero huiusmodi est* etc.

Sicut autem dictum est, illae propositiones sunt maxime notae quae utuntur terminis quos omnes intelligunt; ea autem quae in intellectu omnium cadunt sunt maxime communia, quae sunt ens, unum et bonum; et ideo primo ponit hic Boetius quasdam conceptiones pertinentes ad ens, secundo quasdam pertinentes ad unum ex quo sumitur ratio simplicis et compositi, ibi: *Omni composito* etc.; tertio ponit quasdam conceptiones pertinentes ad bonum, ibi: *Omnis diversitas discors* etc.

Circa ens autem consideratur ipsum esse quasi quiddam commune et indeterminatum, quod quidem dupliciter determinatur, uno modo ex parte subiecti quod esse habet, alio modo ex parte praedicati utpote cum dicimus de homine vel de quacumque alia re, non quidem quod sit simpliciter, sed quod sit aliquid puta album vel nigrum. Primo ergo ponit conceptiones quae accipiuntur secundum comparationem esse ad id quod est. Secundo ponit conceptiones quae accipiuntur secundum comparationem eius quod est esse simpliciter ad id quod est esse aliquid, ibi: *Diversum tamen est esse aliquid* etc.

Circa primum duo facit. Primo proponit differentiam eius quod est esse ad id quod est. Secundo manifestat huiusmodi differentiam, ibi: *Ipsum enim esse* etc.

Dicit ergo primo quod *diversum est esse et id quod est*, quae quidem diversitas non est hic referenda ad res de quibus adhuc non loquitur, sed ad ipsas rationes seu intentiones. Aliud autem significamus per hoc quod dicimus esse et aliud per id quod dicimus id quod est, sicut

---

26 Vgl. Avicenna Latinus, *Metaph.* I, 5 (Avicenna Latinus, ed. S. Van Riet, S. 31^{2}–32^{5}); *In* I *Sent.* d. 19 q. 5 a. 1 ad 3; *De veritate* q. 1 a. 1 co.

27 Der Begriff *ens* findet sich bei Boethius weder in der Axiomatik noch im weiteren Verlauf des Textes. Boethius formuliert Konstruktionen mit *esse*, obschon er v.a. in seinen Schriften zu Aristoteles und Porphyrios den Begriff *ens* durchaus verwendet. Wie auch an späteren Stelle deutlich wird, ersetzt Thomas mit *ens* das boethianische *id quod est* (vgl. II. Kapitel, Kommentar zu Axiom III: »Hoc est ergo quod id quod est, scilicet ens, participare aliquo est«).

28 Die lateinischen Ziffern beziehen sich auf die jeweils thematisierten Axiome.

29 Vgl. *In* I *Sent.* d. 19 q. 5 a. 2 ad 1; *S. c. gent.* I, c. 53. Die thomasische Konzeption der logischen *intentiones* wird analysiert von Luca F. Tuninetti, *»Per se notum«. Die logische Beschaffenheit des Selbstverständlichen im Denken des Thomas von Aquin* (STGMA 47), Leiden u.a. 1996, S. 130–148.

nung, zunächst damit, gewisse Grundregeln oder Auffassungen einiger Weiser voranzustellen. Danach beginnt er von diesen aus seine Argumentation, wo es heißt: *Die Fragestellung ist nun folgender Art* usw.

Wie bereits gesagt worden ist, sind jene Aussagen höchst offenkundig, welche Begriffe verwenden, die alle verstehen. Jene [begrifflichen Inhalte] aber, die ins Verstehen aller fallen, sind in höchster Weise gemeinsam, diese sind: ›Seiendes‹, ›Eines‹ und ›Gutes‹.[26] Und darum stellt Boethius hier erstens einige Auffassungen voran, die Seiendes[27] betreffen, zweitens einige Auffassungen, die sich auf das Eine beziehen und von denen das Verständnis von Einfachem und Zusammengesetztem gewonnen wird, an der Stelle: [VII.][28] *Bei allem Zusammengesetzten* usw.; drittens legt er einige Auffassungen vor, die sich auf das Gute beziehen, wo er sagt: [IX.] *Jede Verschiedenheit weicht voneinander ab* usw.

1. Auffassungen in Bezug auf Seiendes (ens)

In Bezug auf das Seiende wird das Sein selbst wie ein gewisses Gemeinsames und Unbestimmtes in Betracht gezogen, was allerdings zweifach bestimmt wird. Auf die eine Weise von Seiten des Subjekts, welches Sein hat, auf die andere Weise von Seiten des Prädikats. So wie wir ja vom Menschen oder einer beliebigen anderen Sache sicher nicht sagen, dass sie einfachhin ist, sondern dass sie etwas ist, z.B. weiß oder schwarz. Zuerst führt er also Auffassungen an, die entsprechend eines Vergleichs zwischen dem Sein und dem, was ist, begriffen werden. Danach führt er Auffassungen an, die entsprechend eines Vergleichs zwischen dem, was einfachhin Sein ist und dem, was etwas ist, begriffen werden, an der Stelle: [V.] *Es ist dennoch verschieden, etwas zu sein* usw.

Im Blick auf den ersten Aspekt unternimmt er zweierlei. Zuerst legt er den Unterschied zwischen dem, was Sein ist, und dem, was ist, dar. Zweitens verdeutlicht er diesen Unterschied an der Stelle: *Sein selbst nämlich* usw.

Er sagt also zuerst, dass [II.] *Sein und das, was ist, verschieden sind.* Allerdings ist diese Unterscheidung hier nicht auf Dinge bezogen, über die er bis hierhin nicht spricht, sondern auf die Begriffe selbst oder Intentionen.[29] Je anderes indes bezeichnen wir durch das, was wir ›Sein‹ nennen, und durch das, was wir ›das, was ist‹ nennen, wie

et aliud significamus cum dicimus currere et aliud per hoc quod dicitur currens. Nam currere et esse significatur in abstracto sicut et albedo; sed quod est, id est ens et currens, significatur in concreto velut album.

Deinde cum dicit: *Ipsum enim esse* etc., manifestat praedictam diversitatem tribus modis.

Quorum primus est quia ipsum esse non significatur sicut subiectum essendi, sicut nec currere significatur sicut subiectum cursus. Unde sicut non possumus dicere quod ipsum currere currat, ita non possumus dicere quod ipsum esse sit; sed id quod est significatur sicut subiectum essendi, velut id quod currit significatur sicut subiectum currendi; et ideo sicut possumus dicere de eo quod currit sive de currente quod currat in quantum subicitur cursui et participat ipsum, ita possumus dicere quod ens sive id quod est sit in quantum participat actum essendi. Et hoc est quod dicit quod *ipsum esse nondum est* quia non attribuitur sibi esse sicut subiecto essendi, sed id *quod est, accepta essendi forma*, scilicet suscipiendo ipsum actum essendi, *est atque consistit*, idest in se ipso subsistit. Non enim ens dicitur proprie et per se nisi de substantia cuius est subsistere; accidentia enim non dicuntur entia[a] quasi ipsa sint, sed in quantum eis substantia est[b] aliquid ut post dicetur.

Secundam differentiam ponit ibi: *Quod est participare* etc. Quae quidem differentia sumitur secundum rationem participationis. Est autem participare quasi partem capere. Et ideo quando aliquid parti-

---

[a] entia] essentia φ (–V[1]) [b] substantia est] subest β

---

[30] Zur Problematik der Selbstprädikation des Subjekts vgl. *De veritate* q. 21 a. 4 ad 4; Albertus Magnus, *De bono* tr. 1 q. 5.

[31] Thomas ersetzt durch *actus essendi* den Begriff der *forma essendi* bei Boethius; vgl. *Quodl.* IX a. 6.

[32] Die Identifizierung der boethianischen *forma essendi* mit dem seinsstiftenden Akt hängt mit dem thomasischen Verständnis der wesenskonstituierenden Form zusammen. Sie ist es, die der Materie Sein verleiht, vgl. *De ente et essentia* 2, 8 (HBPhMA 7, S. 48): »Per formam enim, quae est actus materiae, materia efficitur ens actu et hoc aliquid.« Ebd. 4, 32 (a. a. O., S. 72): »Talis autem invenitur habitudo materiae et formae, quod forma dat esse materiae.« Zu dieser Formulierung bietet eine Stellensynopse Cornelio Fabro, *Partecipazione e causalità secondo S. Tommaso d'Aquino*, a. a. O., S. 335–344. Vgl. den Zusammenhang bei Boethius, *De Trin.* (tract. I) c. 2 (ed. Moreschini S. 169 f.[83–94]): »vere forma … quae esse ipsum est et ex qua esse est. Omne namque esse ex forma est. … Nihil igitur secundum materiam esse dicitur, sed secundum propriam formam. Sed

wir auch anderes bezeichnen, wenn wir ›Laufen‹ sagen, und anderes durch das [bezeichnen], was ›Laufendes‹ heißt. Denn mit ›Laufen‹ oder ›Sein‹ wird eine Bezeichnung in abstraktem Sinn gegeben, wie auch mit ›Weißfarbigkeit‹. Aber was ist, das heißt ›Seiendes‹ und ›Laufendes‹, wird auf konkrete Weise bezeichnet, wie auch ›Weißes‹.

Wenn es hierauf heißt: *Sein selbst nämlich* usw., verdeutlicht er die eben besprochene Unterscheidung auf dreifache Weise.

Die erste [Weise der Unterscheidung] besteht darin, dass ›Sein‹ selbst nicht wie ein Subjekt des Seienden bezeichnet wird, ebenso wie mit ›Laufen‹ nicht das Subjekt des Laufs bezeichnet wird. Weshalb man ebenso wenig sagen kann, dass das Laufen selbst läuft, wie man sagen kann, dass Sein selbst ist.[30] Doch das, was ist, wird wie ein Subjekt des Seienden bezeichnet, gleichwie das, was läuft, wie ein Subjekt des Laufens bezeichnet wird. Und ebenso wie man von dem, was läuft, oder vom Laufenden, sagen kann, dass es läuft, insofern es dem Lauf unterstellt ist und an diesem teilhat, so kann man sagen, dass Seiendes oder ›das, was ist‹ ist, insofern es am Akt des Seins teilhat.[31] Und eben das ist es, was besagt, dass *Sein selbst noch nicht ist*, weil ihm ›zu sein‹ nicht wie einem Subjekt des Seins zugewiesen wird. Doch das, *was ist, wenn es eine Seinsform angenommen hat*, nämlich in der Aufnahme des Seins-Akts selbst, *ist und hat Bestand*, das heißt, es besteht in sich selbst.[32] Seiend sagt man nämlich eigentlich und für sich [genommen] nur von einer Substanz, der es eigen ist, dass sie selbständig besteht. Akzidenzien werden nämlich nicht Seiende genannt, als ob sie an sich [selbständig] wären, sondern insofern eine Substanz durch sie etwas [Bestimmtes] ist, wie nachfolgend dargestellt wird.

Die zweite Unterscheidung legt er dar, wo es heißt: [III.] *Was ist, vermag an anderem teilzuhaben* usw. Diese Unterscheidung wird nun gemäß dem Teilhabegedanken getroffen. Teilhaben heißt gleichsam einen Teil erfassen.[33] Wenn etwas daher dasjenige teilweise aufnimmt, was sich auf anderes in allgemeiner Weise erstreckt, sagt man, dass es

---

divina substantia sine materia forma est, et est id quod est: reliqua enim non sunt id quod sunt.«

[33] Vgl. *In De caelo* II, 18, n. 6. Die Herleitung begegnet schon bei Albertus Magnus, *In* I *Sent.* d. 22, a. 8 und besagt in diesem Sinn nicht die Teilbarkeit des Partizipierten, sondern dessen teilweise Verwirklichung bzw. Vergegenwärtigung nach Weise des Urbilds im Abbild. Bzgl. der Merkmale von Ganzheit bzw. Hinzufügung als Kriterien der Partizipation vgl. *Sent. lib. I Metaph.* l. 10, n. 4.

culariter recipit id quod ad alterum pertinet universaliter, dicitur participare illud, sicut homo dicitur participare animal quia non habet rationem[a] animalis secundum totam communitatem; et eadem ratione Sortes[b] participat hominem. Similiter etiam subiectum participat accidens et materia formam, quia forma substantialis vel accidentalis, quae de sui ratione communis est, determinatur ad hoc vel ad illud subiectum. Et similiter etiam effectus dicitur participare suam causam, et praecipue quando non adaequat virtutem suae causae, puta si dicamus quod aer participat lucem solis quia non recipit eam in claritate qua est in sole. Praetermisso autem hoc tertio modo participandi, impossibile est quod secundum duos primos modos ipsum esse participet aliquid. Non enim potest participare aliquid per modum quo materia vel subiectum[c] participat formam vel accidens quia ut dictum est ipsum esse significatur ut quiddam abstractum. Similiter autem nec potest aliquid participare per modum quo particulare participat universale; sic enim etiam ea quae in abstracto dicuntur participare aliquid possunt sicut albedo colorem, sed ipsum esse est communissimum, unde ipsum quidem participatur in aliis, non autem participat aliquid aliud. Sed id quod est sive ens, quamvis sit communissimum, tamen concretive dicitur, et ideo participat ipsum esse, non per modum quo magis commune participatur a minus communi, sed participat[d] ipsum esse per modum quo concretum participat abstractum. Hoc est ergo quod dicit quod id *quod*[e] *est*, scilicet ens, *participare aliquo potest; sed ipsum esse nullo modo participat aliquo*; et hoc probat ex eo quod supra dictum est, quod scilicet *ipsum esse nondum est.* Manifestum est enim quod id quod non[f] est non potest aliquo participare, unde consequens est quod *participatio* conveniat alicui *cum iam est*; sed ex hoc *aliquid est* quod *suscipit* ipsum *esse* sicut dictum est. Unde relinquitur quod id quod est aliquid possit participare, ipsum autem esse non possit aliquid participare.

---

[a] rationem] nomen φ (–Et) β naturam Bo[10] [b] Sortes] subiecti α pEt Ny[5] P[1] γ [c] subiectum] semen φ (–N[2] Et) [d] sed participat] licet participet β [e] id quod] *om.* β [f] id quod non est] id quod est *Calcaterra* (ed. *Marietti*)

---

[34] Vgl. *S. c. gent.* I, c. 32; *Quodl.* II, q. 2 a. 3 co; an anderer Stelle widerspricht Thomas einer Partizipationsaussage bzgl. der Art an der übergeordneten Gattung, vgl. *Sent. lib. I Metaph.* l. 10, n. 4; *Sent. lib. VII Metaph.* l. 3, n. 23.

[35] Zu *forma substantialis* und *accidentalis* vgl. *De ente et essentia* 6, 52 (HBPhMA 7, S. 88); *S. theol.* I, q. 7 a. 2 co; q. 44. a. 2 co.

an jenem teilhat, wie man auch sagt, der Mensch habe am Lebewesen teil, weil er den Sinngehalt von ›Lebewesen‹ nicht in seiner ganzen Allgemeinheit innehat. Nach derselben Maßgabe hat Sokrates am Menschen teil.[34] Ebenso hat auch das Subjekt am Akzidens und die Materie an der Form teil, weil die substantielle oder akzidentelle Form,[35] die von ihrem Gehalt her allgemein ist, zu diesem oder jenem Subjekt bestimmt wird. Und gleichfalls heißt es, dass die Wirkung an ihrer Ursache teilhat und zwar vorzugsweise, wenn sie dem Vermögen ihrer Ursache nicht gleichkommt.[36] Zum Beispiel wenn wir davon sprechen, dass die Luft am Sonnenlicht teilhat, weil sie dieses nicht in jener Helligkeit aufnimmt, wie es in der Sonne ist. Von dieser dritten Weise des Teilhabens [einer Wirkung an der Ursache] abgesehen, ist es unmöglich, dass das Sein selbst, gemäß der beiden ersten Weisen, an etwas teilhat. Es kann nämlich nicht in der Weise an etwas teilhaben, nach der Materie an der Form oder ein Subjekt an einem Akzidens teilhat, weil – wie gesagt – Sein selbst wie ein gewisses Abstraktum bezeichnet wird. Ebensowenig aber kann es auf jene Weise an etwas teilhaben, wodurch Besonderes an Allgemeinem partizipiert. So kann nämlich auch abstrakt Bezeichnetes an etwas teilhaben, wie etwa Weißfarbigkeit an der Farbe; Sein selbst hingegen ist das Allgemeinste, weswegen zwar andere an ihm teilhaben, es jedoch nicht an etwas anderem partizipiert. Aber das, was ist bzw. das Seiende wird, wenngleich es auch Gemeinstes ist, dennoch in konkreter Bedeutung ausgesagt und hat daher am Sein selbst teil, jedoch nicht auf die Weise, wie das Gemeinsamere vom weniger Gemeinsamen partizipiert wird, es partizipiert vielmehr am Sein selbst auf jene Weise, nach der Konkretes an Abstraktem teilhat. Das ist es nämlich, was er damit aussagt, dass das, *was ist*, nämlich das Seiende, *an anderem teilzuhaben vermag; Sein selbst jedoch in keiner Weise an anderem teilhat.* Und das beweist er aus dem zuvor Gesagten, dass nämlich *Sein selbst noch nicht ist.* Denn es ist offenkundig, dass das, was nicht ist, auch nicht an etwas teilhaben kann, woraus folgt, dass *Teilhabe* dann etwas zukommt, *wenn es schon ist*; *etwas ist* jedoch deswegen, weil es *Sein* selbst *aufnimmt*, wie [in Axiom III] gesagt wurde. Weswegen als Resultat verbleibt, dass das, was ist, an etwas teilhaben kann, Sein selbst jedoch an nichts partizipieren kann.

---

[36] Vgl. *In Epist ad Coloss.* c. 1, l. 4.

Tertiam differentiam ponit ibi: *Id quod est habere* etc. Et sumitur ista differentia per admixtionem alicuius extranei. Circa quod considerandum est quod circa quodcumque abstracte significatum hoc habet veritatem[a] quod non habet in se aliquid extraneum, quod scilicet sit praeter essentiam suam, sicut humanitas, albedo et quaecumque hoc modo dicuntur, cuius ratio est quia humanitas significatur ut quo aliquid est homo, et albedo ut quo aliquid est album; non est autem aliquid homo formaliter loquendo nisi per id quod ad rationem hominis pertinet, et similiter non est aliquid album formaliter nisi per id quod pertinet ad rationem albi; et ideo huiusmodi abstracta nihil alienum in se habere possunt. Aliter autem se habet in his quae significantur in concreto, nam homo significatur ut qui habet humanitatem, et album ut quod habet albedinem. Ex hoc[b] autem quod[c] homo habet humanitatem vel album albedinem, non prohibetur habere aliquid aliud quod non pertinet ad rationem horum, nisi solum quod est oppositum his; et ideo homo et album possunt aliquid aliud habere quam humanitatem vel albedinem; et haec est ratio quare albedo et humanitas significantur per modum partis et non praedicantur de concretis sicut nec aliqua pars de suo toto. Quia igitur, sicut dictum est, ipsum esse significatur ut abstractum, id quod est ut concretum, consequens est verum esse quod hic dicitur quod id *quod est potest aliquid habere praeterquam quod ipsum est*, id est praeter suam essentiam, sed[d] *ipsum esse nihil habet admixtum praeter* suam essentiam.

Deinde cum dicit: *Diversum tamen est esse* etc., ponit conceptiones quae accipiuntur secundum comparationem eius quod est esse simpliciter ad id quod est esse aliquid. Et primo ponit utriusque diversitatem. Secundo assignat differentias, ibi: *Illic enim accidens* etc.

Circa primum considerandum est quod ex quo id quod est potest aliquid habere praeter suam essentiam, necesse est quod in eo consideretur duplex esse: quia enim forma est principium essendi, necesse est quod secundum quamlibet formam habitam habens aliqualiter

---

[a] veritatem] virtutem β   [b] Ex hoc] habere β (-Ny[5]) *om.* Ny[5]   [c] quod … album] *om.* β   [d] sed ipsum … essentiam] *hom. om.* B (-V[5])

---

[37] Vgl. *De potentia* q. 7 a. 4 co.
[38] Zum Verständnis des Formprinzips vgl. Anm. 32.

Die dritte Unterscheidung wird angeführt, wo es heißt: [IV.] *Das, was ist kann* usw. Diese Unterscheidung wird getroffen anhand der Beimengung von etwas Äußerlichem. Was das angeht, ist in Bezug auf alles abstrakt Bezeichnete, wie Menschsein, Weißfarbigkeit oder was sonst auf diese Weise bezeichnet wird, die Wahrheit zu bedenken, dass es in sich nichts Äußerliches hat, was also außerhalb seines Wesens wäre. Die Begründung hierfür ist, dass als Menschsein bezeichnet wird, wodurch etwas Mensch ist, und als Weißfarbigkeit, wodurch etwas Weißes ist. Nichts ist aber in Bezug auf die Form gesprochen Mensch außer durch das, was zum Sinngehalt des Menschen gehört, und gleichfalls ist, im Sinn der Form, nichts weiß, außer durch das, was zum Sinngehalt des Weißen gehört; und deshalb kann Abstraktes solcher Art nichts Fremdes in sich haben. Anders verhält es sich bei dem, was konkret bezeichnet wird, denn als Mensch wird bezeichnet, wer Menschsein besitzt, und als Weißes, was Weißfarbigkeit hat. Aber durch die Tatsache, dass ein Mensch Menschsein hat oder Weißes Weißfarbigkeit,[37] wird nicht verhindert, dass sie [noch] etwas anderes haben, was nicht zu ihrem Sinngehalt gehört, außer allein, was ihnen entgegengesetzt ist. Deswegen können ein Mensch und Weißes noch etwas anderes haben als Menschsein und Weißfarbigkeit; und das ist der Grund, weshalb Weißfarbigkeit und Menschsein nach Weise des Teils bezeichnet und nicht von Konkretem ausgesagt werden, wie auch nicht irgendein Teil von seinem Ganzen. Weil also, wie gesagt, Sein selbst wie ein Abstraktum bezeichnet wird, *das* jedoch, *was ist*, wie Konkretes, ist die Wahrheit der hier getroffenen Aussage folgerichtig, dass das, *was ist, außer [dem], was es selbst ist*, das heißt außerhalb seines Wesens, *noch etwas [zusätzlich] haben kann*. Aber *Sein selbst hat nichts beigemengt außer* seinem Wesen.

Wenn er hierauf sagt: [V.a] *Es ist dennoch verschieden, etwas zu sein* usw., legt er Auffassungen dar, welche entsprechend eines Vergleichs verstanden werden zwischen dem, was einfachhin Sein ist, und dem, was Etwas-Sein ist. Zuerst stellt er die Verschiedenheit der beiden fest. Darauf kennzeichnet er die Unterschiede, wo es heißt: *Im ersten Fall nämlich wird ein Akzidens* usw.

Bezüglich des ersten Punkts ist zu bedenken: dadurch dass das, was ist, außer seinem Wesen etwas [Zusätzliches] haben kann, muss man in ihm notwendiger Weise ein doppeltes Sein in Betracht ziehen. Weil nämlich die Form ein Seinsprinzip darstellt,[38] ist es notwendig, dass man sagt, [etwas] habe entsprechend jeder beliebigen Form, die es zu

esse dicatur. Si ergo forma illa non sit praeter essentiam habentis, sed constituat eius essentiam, ex eo quod habet talem formam dicetur habens esse simpliciter, sicut homo ex hoc quod habet animam rationalem. Si vero sit talis forma quae sit extranea ab essentia habentis eam, secundum illam formam non dicitur habens esse simpliciter, sed esse aliquid, sicut secundum albedinem homo dicitur esse albus. Et hoc est quod dicit quod *diversum est esse aliquid* quod non est esse simpliciter et quod *aliquid* sit *in eo quod est*, quod est proprium esse subiecti.

Deinde cum dicit: *Illic enim accidens* etc., ponit tres differentias inter praemissa.

Quarum prima est quod *illic* id est ubi dicitur de re quod sit aliquid et non sit simpliciter, *significatur accidens*, quia forma quae facit huiusmodi esse est praeter essentiam rei. *Hic* autem cum dicitur aliquid esse in eo quod est, *significatur substantia*, quia scilicet forma faciens hoc esse constituit essentiam rei.

Secundam differentiam ponit ibi: *Omne quod est* etc. Dicit quod ad hoc quod aliquid *sit* simpliciter subiectum *participat* ipsum *esse*; sed ad hoc quod *sit aliquid*, oportet quod participet aliquo *alio*[a], sicut homo ad hoc quod sit albus participat non solum esse substantiale sed etiam albedinem.

Tertiam differentiam ponit ibi: *Ac per hoc* etc. Quae quidem accipitur secundum ordinem utriusque et concluditur ex praemissis. Est autem haec differentia quod primo oportet ut intelligatur aliquid esse simpliciter, et postea quod sit aliquid; et hoc patet ex praemissis. Nam aliquid est simpliciter per hoc quod *participat* ipso *esse*; sed quando iam *est*, scilicet per participationem ipsius esse, restat *ut participet* quocumque *alio* ad hoc scilicet quod sit aliquid.

---

[a] alio] *om.* δ γ

---

[39] Die Unterscheidung zwischen *forma substantialis* und *forma accidentalis* ist wichtig für das Verständnis des *esse simpliciter*. Hier, wie im abschließenden Satz des Abschnitts, wird die Parallelisierung von *esse simpliciter* und *esse aliquid in eo quod est* bei Thomas deutlich.

eigen hat, in irgendeiner Weise Sein. Wenn also jene Form nicht außerhalb des Wesens ist, das sie innehat, sondern dessen Wesen konstituiert, wird man aus dem Grund, dass es eine solche Form [zu eigen] hat, sagen, dass es einfachhin Sein hat; wie der Mensch aufgrund dessen [als Sein habend bezeichnet wird], dass er eine vernunftbegabte Seele [als substantielle Form zu eigen] hat. Wenn es jedoch eine solche Form ist, die dem Wesen, das sie besitzt, äußerlich ist, so wird man gemäß dieser Form nicht davon sprechen, dass es einfachhin Sein hat, sondern dass es etwas [akzidentell Bestimmtes] ist, wie man auch beim Menschen gemäß seiner Weißfarbigkeit [= seiner weißen Hautfarbe] davon spricht, dass er weiß ist. Und das ist es, was besagt, dass *es verschieden ist, etwas zu sein*, was nicht einfachhin Sein ist, *und* dass *etwas* ist, *in dem, was es ist*, was das eigentümliche Sein des Subjekts ist.[39]

Wenn es hierauf heißt: *Im ersten Fall nämlich wird ein Akzidens bezeichnet* usw., stellt er innerhalb des Vorausgeschickten drei Unterschiede fest.

Die erste Unterscheidung liegt darin: [V.b] *im ersten Fall*, das heißt, wo von einem Ding gesagt wird, dass es etwas ist und nicht einfachhin ist, *wird ein Akzidenz bezeichnet*, weil die Form, welche ein derartiges Sein bildet, außerhalb des Wesens eines Dings ist. *Im zweiten Fall* aber, wenn es heißt, etwas zu sein, in dem, was es ist, *wird die Substanz bezeichnet*, weil nämlich die Form, welche dieses Sein bildet, das Wesen des Dings begründet.

Die zweite Unterscheidung trifft er an der Stelle: [VI.] *Alles, was ist* usw. Er sagt, damit etwas einfachhin Subjekt [ohne weitere Bestimmung] ist, *hat* es am *Sein* selbst *teil*; damit es jedoch *etwas* [Bestimmtes] ist, muss es an etwas *anderem* teilhaben, wie ein Mensch, um von weißer Hautfarbe zu sein, nicht nur am substantiellen Sein teilhat, sondern auch an der Weißfarbigkeit.

Die dritte Unterscheidung trifft er an der Stelle: *Und deswegen* usw. Diese wird gemäß der Zuordnung der beiden [Weisen von einfachhin Sein und Etwas-Sein] erfasst und aus dem Vorausgeschickten geschlossen. Dieser Unterschied besteht nämlich, weil unumgänglich zuerst verstanden wird, dass etwas einfachhin ist, und daraufhin, dass es etwas ist, was aus dem Vorausgeschickten offenkundig ist. Denn etwas ist einfachhin dadurch, dass es am *Sein* selbst *teilhat*. Aber wenn es bereits *ist*, nämlich durch Teilhabe am Sein selbst, steht noch aus, *dass* es an beliebig *anderem teilhabe*, um nämlich etwas zu sein.

Deinde cum dicit: *Omni composito* etc., ponit conceptiones de composito et simplici, quae pertinent ad rationem unius, et est considerandum, quod ea quae supra dicta sunt de diversitate ipsius esse et eius quod est, est secundum ipsas intentiones. Hic ostendit quomodo applicetur ad res; et primo ostendit hoc in compositis, secundo in simplicibus, ibi: *Omne simplex* etc.

Est ergo primo considerandum quod sicut esse et quod est differunt secundum intentiones, ita in compositis differunt realiter. Quod quidem manifestum est ex praemissis. Dictum est enim supra quod ipsum esse neque participat aliquid ut eius ratio constituatur ex multis, neque habet aliquid extrinsecum admixtum ut sit in eo compositio accidentalis; et ideo ipsum esse non est compositum; res ergo composita non est suum esse; et ideo dicit quod in *omni composito aliud est esse* ens[a] et *aliud* ipsum compositum quod est participando[b] *ipsum esse.*

Deinde cum dicit: *Omne simplex* etc., ostendit qualiter se habeat in simplicibus in quibus necesse est *quod ipsum esse et id quod est* sit *unum* et idem realiter. Si enim esset aliud realiter id quod est et ipsum esse, iam non esset simplex sed compositum. Est tamen considerandum quod, cum simplex dicatur aliquid ex eo quod caret compositione, nihil prohibet aliquid esse secundum quid simplex, in quantum caret aliqua compositione[c], quod tamen non est omnino simplex; unde et ignis et aqua dicuntur simplicia corpora, in quantum carent compositione quae est ex contrariis quae invenitur in mixtis, quorum tamen unumquodque est compositum, tum ex partibus quantitativis, tum etiam ex forma et materia. Si ergo inveniantur aliquae formae

---

a ens] *om. Calcaterra* (ed. *Marietti*) b participando] participatum *Calcaterra* (ed. *Marietti*) c aliqua compositione] *inv.* γ

---

40 Vgl. *De veritate* q. 21 a. 5 co. Die Beobachtung, dass einige Handschriften an dieser Stelle von der Leonina-Edition abweichen, indem sie das *ens* auslassen, hat John F. Wippel, *The Metaphysical Thought of Thomas Aquinas*, a. a. O., S. 162, Anm. 80 veranlasst, darin eine spätere Hinzufügung zu sehen, da Thomas im Kontext abstraktes *esse* und *quod est* vergleicht, womit der boethianischen Vorlage keine andere Begrifflichkeit unterstellt wäre.

2. *Auffassungen in Bezug auf Eines (unum)*

Wenn er darauf sagt: [VII.] *Bei allem Zusammengesetzten* usw., führt er Auffassungen vom Zusammengesetzten und Einfachen an, die sich auf den Sinngehalt des Einen beziehen. Dabei ist zu bedenken, dass das, was zuvor über den Unterschied zwischen dem Sein selbst und dem, was ist, gesagt wurde, gemäß ihrer eigenen Intentionen gilt. Hier zeigt er, auf welche Weise dies auf die Dinge anzuwenden ist. Zuerst zeigt er dies für Zusammengesetztes, später für Einfaches, wo es heißt: *Alles Einfache* usw.

Es gilt also an erster Stelle zu bedenken, dass genauso wie das Sein und [das,] was ist, hinsichtlich ihrer Intentionen unterschieden sind, so unterscheiden sie sich im Zusammengesetzten der Sache nach. Das ist nämlich aus dem Vorausgesetzten offenkundig. Denn es wurde zuvor gesagt, dass das Sein selbst weder an etwas teilhat, so dass sein Gehalt aus vielem konstituiert wäre, noch hat es etwas [ihm] Äußerliches beigemengt, so dass in ihm eine akzidentelle Zusammensetzung bestünde, und daher ist Sein selbst nicht zusammengesetzt. Ein zusammengesetztes Ding ist also nicht sein eigenes Sein, weswegen er sagt, dass in *allem Zusammengesetzten* etwas *anderes* ist, Seiendes[40] zu sein, und *anderes*, Zusammengesetztes selbst zu sein, was durch Teilhabe am *Sein selbst* ist.

Wenn er hierauf sagt: [VIII.] *Alles Einfache* usw., zeigt er, wie sich das bei Einfachem verhält, für das notwendig *das Sein selbst und das, was ist*, der Sache nach *ein* und dasselbe ist. Wenn sich [bei Einfachem] nämlich das, was ist, und das Sein selbst der Sache nach unterschieden, wäre es eben nicht mehr einfach, sondern zusammengesetzt. Gleichwohl gilt es Folgendes zu bedenken: Der Tatsache, dass etwas einfach genannt wird, weil es einer Zusammensetzung entbehrt, steht nicht entgegen, dass etwas in gewisser [eingeschränkter] Hinsicht einfach ist, insofern es einer bestimmten Zusammensetzung entbehrt, und das gleichwohl nicht in jeglicher Hinsicht einfach ist. Weshalb ja auch Feuer und Wasser einfache Körper genannt werden, insofern sie einer Zusammensetzung entbehren, die sich aus Gegensätzlichem ergibt, wie sie in Gemischtem anzutreffen ist. Dennoch ist ein jeder von ihnen [den einfachen Körpern Feuer und Wasser] zusammengesetzt, zum einen aus quantitativen Bestandteilen, zum anderen auch aus Form und Materie. Wenn also einige Formen nicht in Materie anzutreffen sein sollten, ist gewiss eine jegliche von ihnen

non in materia, unaquaeque earum est quidem simplex quantum ad hoc quod caret materia, et per consequens quantitate quae est dispositio materiae. Quia tamen quaelibet forma[a] est determinativa ipsius esse[b], nulla earum est ipsum esse, sed est habens esse; puta secundum opinionem Platonis, ponamus formam immaterialem subsistere quae sit idea et ratio hominum materialium, et aliam formam quae sit idea et ratio equorum, manifestum erit quod ipsa forma immaterialis subsistens, cum sit quiddam determinatum ad speciem, non est[c] ipsum esse commune[d], sed participat illud. Et nihil differt quantum ad hoc si ponamus alias[e] formas immateriales altioris gradus quam sint rationes horum sensibilium ut Aristoteles voluit; unaquaeque illarum, in quantum distinguitur ab alia, quaedam specialis forma est participans ipsum esse, et sic nulla earum erit vere[f] simplex. Id autem solum erit vere[g] simplex[h] quod non participat esse, non quidem inhaerens sed subsistens. Hoc autem non potest esse nisi unum, quia, si *ipsum esse nihil aliud habet admixtum* praeter id quod est esse, ut dictum est, impossibile est id quod est[i] ipsum esse multiplicari per aliquid diversificans, et, quia *nihil aliud praeter se*[j] *habet* adiunctum, consequens est quod nullius accidentis sit susceptivum. Hoc autem simplex, unum et sublime est ipse Deus.

Deinde cum dicit: *Omnis diversitas* etc., ponit duas conceptiones pertinentes ad appetitum ex quo definitur bonum, nam bonum dicitur quod omnia appetunt.

Est ergo prima conceptio quod *omnis diversitas* est *discors* et *similitudo est appetenda.* Circa quod considerandum est quod discordia importat contrarietatem appetitus, unde illud dicitur esse discors

---

a forma] *om.* α β (-V^5) earum V^5 b esse] *om.* β (-V^5) c est] idem *add.* Lo^7 γ (-L^{17}) *praem.* L^{17} d commune] quod est β e alias] illas φ istas β aliquas L^{17} f vere] natura C^1 γ *om.* V^1 Et g vere] naturae γ (-L^{17}) nullae L^{17} esse Et h simplex] simplicis γ esse simpliciter *add.* V^{48} L^{17} *om.* V^1 Et i Quod est] *om.* γ Sa^6 V^5 j se] esse γ

---

41 Zu solchen *formae subsistentes* bzw. *immateriales* vgl. *S. theol.* I, q. 7 a. 2 co; q. 9 a. 2 co; q. 13 a. 9 co.

42 Vgl. Aristoteles, *Metaph.* VII, 16 (1040b 23–1041a 5). Im Zusammenhang mit der Güte Gottes wird die Gegenüberstellung Platons und Aristoteles' referiert in *S. theol.* I, q. 6 a. 4 co.

43 Vermutlich bezieht sich Thomas auf die Differenzierung der Wesenheiten in *Metaphysik* XII (1069a 30–1069b 2).

44 Vgl. *S. theol.* I, q. 50 a. 3 co.

einfach in der Hinsicht, dass sie frei von Materie ist und folglich auch von Quantität, die eine Bestimmung der Materie ist.[41] Weil gleichwohl jegliche Form das Sein selbst bestimmt, ist keine von ihnen das Sein selbst, sondern sie ist, indem sie Sein hat. Nehmen wir zum Beispiel gemäß der Ansicht Platons eine für sich bestehende immaterielle Form an, die Idee und Sinngehalt der leibhaftigen Menschen ist, und [nehmen wir weiter an], es gäbe eine andere Form, die Idee und Sinngehalt der Pferde ist.[42] Dabei wird offenkundig, dass die immateriell für sich bestehende Form selbst, da sie etwas bestimmtes, auf die [jeweilige] Art Bezogenes ist, nicht das gemeinsame Sein selbst ist, sondern daran teilhat. Diesbezüglich macht es keinen Unterschied, ob man – nach dem Willen des Aristoteles – andere immaterielle Formen höheren Grades annimmt, als es die Sinngehalte jener sinnenhaften Dinge sind.[43] Eine jede von diesen ist, insofern sie von anderen unterschieden wird, eine ganz besondere Form, die am Sein selbst teilhat und somit wäre keine von ihnen wahrhaft einfach.[44] Wahrhaft einfach wäre allein das, was nicht am Sein teilhat, und so nicht [in anderem] begründet ist, sondern für sich besteht.[45] Das jedoch kann nur Eines sein, weil, *wenn Sein selbst nichts beigemengt hat* außer das, was Sein ist, wie bereits gesagt wurde, ist das, was dieses Sein selbst ist, unmöglich durch etwas voneinander Abweichendes zu vervielfältigen. Und da es *außer sich* mit *nichts anderem* zusammenhängt, ist es folglich für keine Akzidenzien empfänglich. Dieses Einfache, Eine und [alles] Überragende aber ist Gott selbst.

3. Auffassungen in Bezug auf das Gute (bonum)

Wenn es hierauf heißt: [IX.] *Jede Verschiedenheit* usw., führt er zwei Auffassungen an, die sich auf das Strebevermögen beziehen, von dem aus das Gute bestimmt wird. Denn gut heißt, was alle erstreben.[46]

Die erste Auffassung besteht also darin, dass *jede Verschiedenheit voneinander abweicht* und *Ähnlichkeit anzustreben ist.* Diesbezüglich ist zu bedenken, dass die Uneinigkeit eine Gegensätzlichkeit hinsichtlich des Strebevermögens mit sich bringt, weswegen jenes voneinander abweichend genannt wird, was dem [einen] Strebevermögen widerstreitet. Insofern es aber von einer solchen Art ist, widerstreitet

45 Vgl. *De anima* a. 6 ad 2.
46 Vgl. Aristoteles, *Eth. Nic.* I, 1 (1094a 2–3); *S. c. gent.* III, c. 16–20.

quod repugnat appetitui; omne[a] autem diversum in quantum huiusmodi repugnat appetitui; cuius ratio est quia simile augetur et perficitur suo simili; unumquodque autem appetit suum augmentum et perfectionem; et ideo simile in quantum huiusmodi est unicuique appetibile et pari ratione diversum repugnat appetitui in quantum diminuit et impedit perfectionem. Et ideo dicit quod *omnis diversitas* est *discors*, id est ab appetitu discordans; *similitudo vero est appetenda*. Contingit tamen per accidens quod aliquis appetitus abhorret simile et appetit diversum sive contrarium, nam, sicut dictum,[b] est unumquodque primo et per se appetit suam perfectionem quae est bonum uniuscuiusque et est semper proportionata perfectibili, et secundum hoc habet similitudinem ad ipsum. Alia vero quae sunt exterius appetuntur vel refutantur in quantum conferunt ad propriam perfectionem, a qua quidem deficit quandoque aliquid per defectum, quandoque autem per excessum, nam propria perfectio uniuscuiusque rei in quadam commensuratione consistit, sicut perfectio corporis humani consistit in commensurato calore, a quo si deficiat appetit aliquod calidum per quod calor augetur; si autem superexcedat, appetit contrarium, scilicet frigidum, per quod ad temperamentum reducatur, in quo consistit perfectio conformis naturae. Et sic etiam unus figulus abhorret alium, in quantum scilicet aufert ei perfectionem desideratam, scilicet lucrum.

Secundam autem conceptionem ponit ibi: *Et quod appetit* etc., quae concluditur ex praemissa. Si enim similitudo per se est appetenda, consequenter *id quod appetit aliud, ostenditur tale naturaliter esse quale est hoc quod appetit*, quia scilicet naturalem inclinationem habet ad id quod appetit; quae quidem naturalis inclinatio quandoque sequitur ipsam essentiam rei, sicut grave appetit esse deorsum secundum rationem suae essentialis naturae; quandoque vero consequitur naturam alicuius formae supervenientis, sicut cum aliquis habet habitum acquisitum desiderat id quod convenit ei secundum habitum illum.

---

a Omne … appetitui] *hom. om.* C[1] β b sicut dictum, est unumquodque] sicut dictum est, unumquodque *Calcaterra* (ed. *Marietti*)

---

47 Vgl. *S. theol.* I, q. 5 a. 1 co.
48 Vgl. *De veritate* q. 22 a. 1 arg. 3.
49 Ich folge hier der Interpunktion der Marietti-Edition (S. 399): »… nam, sicut dictum est, unumquodque primo …«
50 Vgl. Aristoteles, *Eth. Nic.* VIII, 1 (155a 35–b1); *S. theol.* I–II, q. 27 a. 3 co.

alles Verschiedene dem Strebevermögen. Der Grund hierfür ist, dass Ähnliches dem ihm Ähnlichen nach erweitert und vervollkommnet wird; ein jegliches aber nach seiner Erweiterung und seiner Vervollkommnung strebt,[47] weswegen Ähnliches, insofern es eben von solcher Art ist, für einen jeden erstrebenswert ist, und aus eben diesem Grund widerstreitet das Verschiedene dem Streben, insofern es die Vervollkommnung mindert und behindert.[48] Deshalb sagt er, dass *jede Verschiedenheit voneinander abweicht*, das heißt abweichend vom Strebevermögen ist; *doch gerade Ähnlichkeit ist anzustreben*. Allerdings kommt es akzidentell vor, dass ein gewisses Bestreben dem Ähnlichen zuwiderläuft und etwas Verschiedenes oder Entgegengesetztes erstrebt. Denn ein jedes erstrebt, wie gesagt,[49] zuerst und von sich aus seine Vervollkommnung, welche das Gute eines jeden ist und immer dem zu Vervollkommnenden zugeordnet ist und demgemäß eine Ähnlichkeit mit diesem hat. Anderes hingegen, was äußerlich ist, wird nach Maßgabe des Beitrags zur je eigenen Vervollkommnung erstrebt oder abgewiesen, von der man alsbald durch ein Zuwenig, alsbald durch ein Zuviel abweicht. Denn die eigentümliche Vollkommenheit eines jeden Dings besteht in einer bestimmten Angemessenheit, wie die Vervollkommnung des menschlichen Leibes in einer angemessenen Temperatur besteht. Wenn es an dieser fehlt, erstrebt man etwas Warmes, wodurch die Wärme erhöht wird. Wird sie [die angemessene Temperatur] allerdings überstiegen, begehrt man das Gegenteil, nämlich Kühles, wodurch sie [die Überhitzung] auf das rechte Maß zurückgeführt wird, worin die Vollkommenheit einer gleichförmigen Natur besteht. Und ebenso verabscheut ein Töpfer den anderen, insofern er ihm nämlich die ersehnte Vervollkommnung, also den Gewinn wegnimmt.[50]

Die zweite Auffassung, welche aus dem Vorausgesetzten geschlossen wird, führt er dort an, wo es heißt: *Und was anderes erstrebt* usw. Wenn nämlich Ähnlichkeit an sich zu erstreben ist, wird demzufolge das, *was anderes erstrebt, naturgemäß als so beschaffen erwiesen, wie es jenes ist, das es erstrebt*, weil es nämlich eine natürliche Neigung zu dem hat, was es erstrebt. Die natürliche Neigung folgt das eine Mal dem Wesen einer Sache selbst, wie das Schwere entsprechend der Maßgabe seiner Wesensnatur, nach unten strebt. Ein anderes Mal aber folgt sie der Natur irgendeiner hinzukommenden Form, etwa wenn jemand, der über einen erworbenen Habitus verfügt, dasjenige ersehnt, was ihm entsprechend dieses Habitus angemessen ist.

Ultimo autem epilogat et dicit quod *sufficiunt* ad propositum ea *quae* praemissa sunt et quod ille qui prudenter interpretatur rationes dictorum poterit *unumquodque* eorum adaptare congruis *argumentis*, applicando scilicet ea ad debitas conclusiones ut patebit in sequentibus.

III

Quaestio vero huiusmodi est. Ea quae sunt bona sunt; tenet enim communis sententia doctorum omne quod est ad bonum tendere, omne autem tendit ad simile; quae igitur ad bonum tendunt, bona ipsa sunt.

Sed quemadmodum bona sint inquirendum est utrumne participatione an substantia.

Si participatione, per se ipsa nullo modo bona sunt; nam quod participatione album est, per se in eo quod ipsum est album non est; et de ceteris qualitatibu[s] eodem modo. Si igitur participatione sunt bona, ipsa per se nullo modo bona sunt; non igitur ad bonum tendunt; sed concessum est. Non igitur participatione sunt bona sed substantia.

Quorum vero substantia bona est id quod sunt bona sunt. Id quod sunt autem habent ex eo quod est esse. Esse igitur ipsorum bonum est. Omnium igitur rerum ipsum esse bonum est. Sed si esse bonum est ea

---

51 Vgl. Augustinus, *Confessiones* VII, 12 [18]; *De vera religione* [XI] 21 f.; *De doctrina christiana* I, 32, 35.

52 Vgl. zur Gutheit durch Teilhabe *De Cons. Philos.* 3, 11, 9.

53 Die Verwendung von ›*similis*‹ bei Boethius ist von seiner Bedeutung her auf eine bestimmte, nämlich unangemessene Vorstellung von Ähnlichkeit zu beschränken, die weitergedacht in Identität mündet. Aus dem Kontext geht jeweils klar hervor, dass Boethius gegen den pantheisierenden Gedanken einer Identität argumentiert. Der Vergleichspunkt der Ähnlichkeit versagt zwischen den Seienden und ihrem Ursprung *(primum esse/bonum)* in Bezug auf die jeweilige Bedingtheit bzw. Unbedingtheit der Korrelate hinsichtlich Sein und Gutheit (vgl. Kapitel V). Thomas erläutert die hier festgestellte Negation der Ähnlichkeit durch den Hinweis: »quantum ad modum bonitatis«. Dieses Verständnis impliziert bei Boethius aber durchaus eine angemessene Vorstellung von Ähnlichkeit bzw. Abbildlichkeit der Welt mit ihrem Ursprung, wie sie Boethius etwa im zentralen Hymnus der Trostschrift deutlich zum Ausdruck bringt, vgl. *De Cons. Philos.* 3, IXm., 8 (ed. Moreschini, S. 80): »mundum mente gerens similique in imagine formans«. Die platonische Herkunft dieses Gedankens (vgl. *Tim* 31 B) bzw. deren neuplatonische Überformung, die bei Boethius mitschwingt, erwies sich als biblisch kohärente Inspirationsquelle für die Reflexion christlicher

Zuletzt fügt er einen Epilog an und sagt, dass für die Thematik *ausreicht*, was *vorausgeschickt* wurde, und dass derjenige, welcher die Bedeutungen der Besagten [= der Axiome] klug zu interpretieren weiß, imstande sein wird, *jedes einzelne* von ihnen angemessenen *Argumenten* anzupassen, indem er sie nämlich zu gebotenen Schlussfolgerungen verbindet, wie im Folgenden klar wird.

III. Die Fragestellung des Boethius

Die Fragestellung ist nun folgender Art. Jene [Dinge], die sind, sind gut.[51] *Eine allgemeine Ansicht der Gelehrten hält nämlich fest, dass alles, was ist, zum Guten strebt, alles aber strebt nach Ähnlichem. Was also zum Guten strebt, ist selbst gut.*

Es gilt jedoch zu untersuchen, auf welche Weise die Dinge gut sind, ob durch Teilhabe oder aufgrund der Substanz.[52]

Wenn durch Teilhabe, sind sie für sich selbst in keiner Weise gut; denn was durch Teilhabe weiß ist, ist für sich [genommen = an sich] in dem, was es selbst ist, eben nicht weiß. Und das gilt für weitere Beschaffenheiten in gleicher Weise. Wenn die Dinge also durch Teilhabe gut sind, sind sie an sich keineswegs gut; sie streben also nicht nach dem Guten. Aber gerade das wurde doch eingeräumt. Demnach sind sie nicht durch Teilhabe gut, sondern aufgrund der Substanz.

[Dinge,] deren Substanz jedoch gut ist, sind gut als das, was sie sind. Das, was sie sind, haben sie jedoch aus dem, was Sein ist. Ihr Sein selbst ist also gut. Folglich ist das Sein aller Dinge selbst gut. Wenn aber das Sein gut ist, dann sind diejenigen, welche sind, gut in dem, was sie sind, und ›sein‹ ist für jene dasselbe wie ›gut sein‹. Sie sind also substantielle Güter, da sie ja nicht an der Gutheit teilhaben. Wenn nun aber das Sein selbst in ihnen gut ist, besteht kein Zweifel, dass die substantiellen Güter, weil sie gut sind, dem ersten Guten ähnlich sind. Und dadurch werden sie das Gute selbst sein. Jenem ist nämlich außerhalb seiner selbst nichts ähnlich.[53] *Daraus resultiert, dass alle Dinge, die sind, Gott wären – was*

Theologie, vgl. Werner Beierwaltes, »Trost im Begriff«, in: Ders. (Hg.), *Denken des Einen*, a. a. O., S. 327 ff. Es ist bezeichnend, dass Boethius in *De Cons. Philos.* 4, 6, 55 die Hervorbringung aller Naturen durch Gott *(naturarum omnium proditor)* und seine lenkende Hinordnung auf das Gute *(ad bonum dirigens cuncta disponat)* gerade mit dieser Ähnlichkeit in Verbindung setzt *(quae protulit in sui similitudinem retinere festinat)*.

quae sunt in eo quod sunt bona sunt. Idemque illis est esse quod bonis[a] *esse. Substantialia igitur bona sunt quoniam non participant bonitatem. Quod si ipsum esse in eis bonum est, non est dubium quin, substantialia*[b] *cum sint bona, primo sint bono similia. Ac per hoc, ipsum*[c] *bonum erunt. Nihil enim illi praeter se ipsum simile est. Ex quo fit ut omnia quae sunt Deus sint, quod dictu nefas est. Non sunt igitur substantialia bona. Ac per hoc non in his est esse bonum. Non sunt igitur in eo quod sunt bona.*

Sed nec participant bonitatem[d]*. Nullo enim modo ad bonum tenderent. Nullo modo igitur sunt bona*

Praemissis quibusdam principiis quae sunt necessaria ad propositae quaestionis discussionem, hic accedit ad quaestionem propositam, et circa hoc tria facit. Primo proponit quaestionem. Secundo adhibet solutionem, ibi: *Huic quaestioni talis poterit* etc. Tertio excludit quasdam conclusiones[e] contra solutionem, ibi: *At non etiam alba* etc.

Circa primum duo facit. Primo praemittit quod quaestio praesupponit. Secundo quid in quaestione versetur dubium, ibi, *sed quemadmodum bona sint.*

Dicitur ergo primo sic esse ad quaestionem propositam accedendum ut praesupponamus quod omnia *ea quae sunt, bona sunt.* Et ad hoc probandum inducit rationem secundum praemissa, quae talis est: unumquodque *tendit ad* suum *simile*, unde, ut supra praemissum est, *quod appetit aliud tale ipsum esse*[f] *naturaliter ostenditur quale est hoc ipsum quod appetit.* Sed *omne quod est, ad bonum* tendit; et hoc quidem inducit secundum communem *doctorum* sententiam, unde et in I Ethicorum Philosophus dicit quod »bonum enuntiaverunt« sapientes esse »id quod omnia appetunt«. Est enim proprium obiectum

---

[a] bonis] boni *Moreschini* [b] quin, substantialia] quin substantiali *Moreschini* [c] ipsum] hoc ipsum *add. Moreschini* [d] bonitatem] bonitate *Moreschini* [e] quasdam conclusiones] quandam conlusionem β [f] esse] *om.* β

---

54 Vgl. *S. theol.* I, q. 5 a. 3.
55 *Eth. Nic.* 1, 1 (1094a 2).

zu behaupten eine Frevelhaftigkeit ist. Also sind sie doch nicht der Substanz nach gut. Und deswegen ist das Sein in ihnen nicht gut; sie sind also in dem, was sie sind, nicht gut.

Aber sie haben [entsprechend der negierten Teilhabelösung] auch nicht an der Gutheit teil; sie würden also in keiner Weise zum Guten hinstreben. Daher sind sie in keiner Weise gut.

Kapitel 3: Auslegung der boethianischen Fragedisposition

Nach Anführung bestimmter Prinzipien, die zur Erörterung der aufgeworfenen Fragestellung nötig sind, befasst er sich nun mit der vorgestellten Frage. Diesbezüglich unternimmt er dreierlei. Zuerst legt er die Fragestellung vor. Zweitens unterbreitet er die Lösung, wo es heißt: *Zu dieser Fragestellung wird man eine derartige [Lösung heranziehen]* usw. Drittens schließt er einige Schlussfolgerungen aus, die der Lösung widersprechen, wo es heißt: *Doch werden [dann] nicht auch jene [Dinge], die weiß sind* usw.

In Bezug auf den ersten Punkt macht er zweierlei. Zunächst stellt er vor, was die Fragestellung voraussetzt. Dann, was bei der Frage in Zweifel gezogen wird, an der Stelle: *[Es gilt jedoch zu untersuchen,] auf welche Weise die Dinge gut sind* usw.

1. Erläuterung der Grundvoraussetzung (Gutheit von allem, was ist)

Er sagt also erstens, dass die gestellte Frage unter der Grundvoraussetzung anzugehen ist, dass alle [Dinge], die sind, gut sind.[54] Und um dies zu beweisen, führt er eine Begründung in Übereinstimmung mit den [bereits getroffenen axiomatischen] Voraussetzungen an, die so lautet: Ein jedes *strebt nach* ihm *Ähnlichem,* weswegen, wie zuvor gesagt wurde, *was anderes erstrebt, naturgemäß selbst als so beschaffen erwiesen wird, wie es jenes selbst ist, das es erstrebt.* Aber *alles, was ist, strebt zum Guten hin.* Diesen Aspekt bringt er gemäß einer allgemeinen Überzeugung von *Gelehrten* vor, weswegen auch der Philosoph im 1. Buch der [*Nikomachischen*] *Ethik* sagt, die Weisen »haben jenes als das Gute bekundet, was alle erstreben.«[55] Das Gute ist nämlich das eigentliche Objekt des Strebens, wie der Laut das eigentümliche Objekt des Hörsinns ist. Weswegen das Gute ebenso unumgänglich dasjenige ist, worauf sich jedes Streben richtet, wie der Laut das ist, was

appetitus bonum sicut sonus proprium obiectum est auditus. Unde sicut sonus est qui percipitur ab omni auditu, ita oportet bonum esse in quod tendit omnis appetitus. Et ita cum cuiuslibet rei sit aliquis appetitus vel intellectivus vel sensitivus vel naturalis, consequens est quod quaelibet res appetat bonum; et ita concluditur quod omnis res sit bona, quod quaestio intenta supponit.

Deinde cum dicit: *Sed quemadmodum bona* etc., ostendit quid dubium in quaestione versetur. Et circa hoc tria facit. Primo proponit quaestionem. Secundo obicit contra utrumque membrum quaestionis, ibi: *Si*[a] *participatione* etc. Tertio ex hoc ulterius procedit ad excludendum primam suppositionem, ibi: *Non sunt ergo in eo quod sunt bona* etc[b].

Dicit ergo primo quod supposito omnia esse bona *inquirendum est* de modo, quomodo scilicet bona sunt. Dupliciter autem aliquid de aliquo dicitur, uno modo substantialiter, alio modo per participationem. Est ergo quaestio utrum entia sint bona per essentiam vel per participationem. Ad intellectum autem huius quaestionis considerandum est quod in ista quaestione supponitur quod aliquid esse per essentiam et per participationem sunt opposita. Et in uno quidem supradictorum participationis modorum manifeste hoc verum est, scilicet secundum illum modum quo subiectum dicitur participare accidens vel materia formam. Est enim accidens praeter substantiam subiecti et forma praeter ipsam substantiam materiae. Sed in alio participationis modo, quo scilicet species participat genus[c], hoc etiam verum est secundum sententiam Platonis qui posuit aliam esse ideam[d] animalis et bipedis et hominis; sed secundum Aristotelis sententiam qui posuit quod homo vere est id quod est animal, quasi essentia animalis non existente praeter differentiam[e] hominis, nihil prohibet, id quod per participationem dicitur etiam substantialiter

---

[a] Si *scrips. ex Boethio cum* s Et V^5] secundum α β(–V^5) γ set δ   [b] etc. … bona] *hom. om.* β   [c] genus] hoc verum est quod species participat genus *add. per ditt.* Bu^1C^1Et β(-Ny^5)   [d] esse ideam] *inv.* β   [e] differentiam] essentiam β

---

[56] Vgl. Aristoteles, *Metaph.* I, 9 (991a 28–29); *De veritate* q. 21 a. 4 co.

von jedem Gehör aufgenommen wird. Da so jedem Ding ein gewisses Strebevermögen eigen ist, entweder im Blick auf den Intellekt, auf die Sinne oder naturhaft, ergibt sich als Konsequenz, dass jedes Ding das Gute erstrebt. Und daraus wird geschlossen, dass jedes Ding gut ist, was die betreffende Fragestellung voraussetzt.

2. Erläuterung der dreiteiligen Problematisierung der Fragestellung

Wenn er hierauf sagt: *[Es gilt jedoch zu untersuchen,] auf welche Weise die Dinge gut sind* usw., zeigt er, was bei dieser Frage in Zweifel gezogen wird. Hierzu unternimmt er dreierlei. Zuerst legt er die Fragestellung vor. Zweitens bringt er Einwände gegenüber beiden Bestandteilen der Frage vor, wo es heißt: *Wenn durch Teilhabe* usw. Drittens fährt er von da aus fort, um die erste Voraussetzung auszuschließen, wo es heißt: *sie sind also in dem, was sie sind, nicht gut* usw.

Er sagt also zunächst, dass bei getroffener Grundvoraussetzung, alle Dinge seien gut, die Weise *zu untersuchen ist*, nämlich wie sie gut sind. In zweifacher Weise jedoch wird etwas von etwas anderem ausgesagt: auf eine Weise substantiell, auf die andere Weise durch Teilhabe. Es stellt sich also die Frage, ob Seiende durch Substanz oder durch Teilhabe gut sind. Um aber ein Verständnis von dieser Fragestellung zu gewinnen, muss die Voraussetzung bedacht werden, dass bei dieser Frage ein Gegensatz dazwischen besteht, etwas aufgrund des Wesens zu sein und etwas aufgrund von Teilhabe zu sein. Und im Blick auf eine der oben erwähnten Teilhabeweisen ist dieser Gegensatz offensichtlich wahr, nämlich entsprechend jener Weise, nach der es heißt, das Subjekt partizipiert am Akzidenz oder die Materie an der Form. Ein Akzidenz befindet sich nämlich außerhalb der Substanz eines Subjekts und eine Form außerhalb der eigentlichen Substanz der Materie. Dieser Gegensatz ist aber auch auf die andere Weise der Teilhabe wahr, nach der nämlich die Art an der Gattung teilhat, entsprechend der Lehre Platons, der unterstellt hat, es gäbe eine jeweils andere Idee des Sinnenwesens, des Zweibeinigen und des Menschen.[56] Doch nach der Lehre des Aristoteles, der dargelegt hat, dass ein Mensch wahrhaft das ist, was ein Sinnenwesen ist, [dass] also gewissermaßen das Wesen des ›Sinnenwesens‹ nicht außerhalb des [spezifischen] Unterschieds von ›Mensch‹ existiert, steht nichts entgegen, das, was durch Teilhabe ausgesagt wird, auch in substantiellem Sinn auszudrücken. Boethius aber spricht hier entsprechend jener Weise von Teilhabe, nach der ein

praedicari. Boetius autem hic loquitur secundum illum participationis modum quo subiectum participat accidens, et ideo ex opposito dividitur id quod substantialiter et participative praedicatur, ut patet per exempla quae subsequenter inducit.

Deinde cum dicit: *Si participatione* etc., obicit contra utrumque membrum quaestionis, et primo contra hoc quod res sint bonae per participationem, secundo contra hoc quod sint bonae secundum suam substantiam, ibi: *Quorum vero substantia* etc.

Dicit ergo primo quod si omnia sunt bona per participationem, sequitur quod *nullo modo* sint *bona per se*; et hoc quidem verum est si per se accipiatur inesse quod ponitur in definitione eius de quo dicitur sicut homo per se est animal. Quod enim ponitur in definitione alicuius pertinet ad essentiam eius, et ita non dicitur de eo per participationem de qua nunc loquimur. Si vero accipiatur per se secundum alium modum, prout scilicet subiectum ponitur in definitione praedicati, sic esset falsum quod hic dicitur, nam proprium accidens secundum hunc modum per se inest subiecto, et tamen participative de eo praedicatur. Sic igitur Boetius hic accipit participationem prout subiectum participat accidens, per se autem quod ponitur in definitione subiecti; et sic ex necessitate sequitur quod si res sint bonae per participationem non sint bonae per se, et hoc manifestat per exemplum; *nam* illud *quod est album* per participationem *non est album per se*, id est *in eo quod est ipsum* quod pertinet ad primum modum dicendi per se; et simile est de aliis *qualitatibus*. Sic igitur *si* entia *sunt bona* per participationem, sequitur quod non omnia sint *bona per se*, id est per suam substantiam. Ex hoc ergo sequitur quod substantiae entium *non* tendant ad bona[a], cuius contrarium superius est concessum, scilicet quod omnia in bonum tendant. Videtur ergo quod entia non sint bona per participationem *sed* per suam substantiam.

Deinde cum dicit: *Quorum vero substantia* etc., obicit in contrarium in hunc modum: illa *quorum substantia bona est*, necesse est quod bona sint secundum *id* ipsum *quod sunt*. Hoc enim ad substantiam cuiusque rei pertinet quod concurrit[b] ad suum esse, sed quod

---

[a] bona] bonum *Calcaterra* (ed. *Marietti*) [b] concurrit] convenit β

---

[57] Vgl. Aristoteles, *Metaph.* V, 18 (1022a25–36); Thomas, *Sent. lib. V Metaph.* l. 19; *Expos. Post.* I, 10.

Subjekt an einem Akzidenz teilhat und daher wird das voneinander als gegensätzlich getrennt, was in substantieller Hinsicht ausgesagt und was hinsichtlich der Teilhabe ausgesagt wird, wie in den Beispielen ersichtlich ist, die er nachfolgend anführt.

Wenn es dann heißt: *Wenn durch Teilhabe* usw., erhebt er Einwände gegen die beiden Bestandteile der Fragestellung. Erstens dagegen, dass die Dinge durch Teilhabe gut sind; zweitens dagegen, dass sie entsprechend ihrer Substanz gut sind, an der Stelle: *[Dinge,] deren Substanz jedoch* usw.

Er sagt also als erstens: Falls alles durch Teilhabe gut ist, folgt daraus, dass es *in keiner Weise gut für sich [genommen = an sich]* ist. Und das ist sicher wahr, wenn ›an sich‹ als in der Definition dessen enthalten verstanden wird, von dem die Aussage getroffen wird, wie: der Mensch an sich ist ein Sinnenwesen. Was nämlich unter die Definition von etwas fällt, gehört zu dessen Wesen, und so wird davon nicht unter dem Aspekt der Teilhabe gesprochen, von der wir nun reden. Wenn hingegen ›an sich‹ in einer anderen Weise aufgefasst wird, insoweit nämlich das Subjekt unter die Definition des Prädikats fällt,[57] so wäre falsch, was hier gesagt wird [dass nichts gut an sich ist, wenn alles durch Teilhabe gut ist]. Denn ein eigentümliches Akzidenz ist dem Subjekt gemäß dieser Weise ›an sich‹ beinhaltet und dennoch wird von diesem eine Aussage im Sinne der Teilhabe getroffen. Boethius versteht Teilhabe hier also in jener Weise, nach der ein Subjekt an einem Akzidenz teilhat, ›an sich‹ hingegen [versteht er als das], was unter die Definition des Subjekts fällt. Wenn Dinge durch Teilhabe gut sind, folgt dementsprechend mit Notwendigkeit, dass sie nicht gut an sich sind, was er auch durch ein Beispiel deutlich macht. *Denn* jenes, *was* durch Teilhabe *weiß ist, ist nicht weiß an sich*, das heißt *in dem, was es selbst ist*. Das betrifft die erste Aussageweise von ›an sich‹; und Ähnliches gilt von anderen *Beschaffenheiten. Wenn* Seiende somit durch Teilhabe *gut sind*, hat das zur Folge, dass sie alle nicht *an sich gut sind*, das heißt vermöge ihrer Substanz. Daraus folgt eben, dass die Substanzen der Seienden *nicht* zum Guten hinstreben. Das Gegenteil davon wurde aber zuvor eingeräumt, nämlich dass alle zum Guten hinstreben. Es hat also den Anschein, dass Seiende nicht durch Teilhabe, *sondern* vermöge ihrer Substanz gut sind.

Wenn er dann sagt: *[Dinge] aber, deren Substanz* usw., erhebt er betreffs der Alternative auf folgende Weise einen Einwand: jene [Dinge], *deren Substanz gut ist*, sind notwendig gut in Bezug auf *das* selbst,

aliqua sint, hoc *habent ex eo quod est esse*: dictum est enim supra quod *est aliquid, cum esse susceperit*. Sequitur igitur ut eorum quae sunt bona secundum substantiam ipsum *esse* sit *bonum*; si igitur omnia sunt bona secundum suam substantiam, sequetur quod omnium rerum ipsum esse sit bonum,[a] et, quia praemissa ex quibus in argumentando processit sunt convertibilia, procedit e converso. Sequitur enim e converso *quod si esse* omnium rerum sit *bonum* quod ea quae sunt, in quantum sunt, bona sunt, ita scilicet quod idem sit unicuique rei *esse* et bonum *esse*. Sequitur igitur quod sint substantialia bona ex hoc quod sunt bona, et tamen non per participationem bonitatis. Ex hoc autem quid inconveniens sequatur ostendit subdens; et dicit quod si ipsum esse rerum omnium sit bonum, cum ex hoc sequatur quod *sint substantialia bona*, consequens est etiam quod *sint* etiam *primo bono similia* quod est substantiale bonum et cui idem est esse et[b] bonum esse. Et ex hoc ulterius sequitur quod omnia sint *ipsum* primum *bonum*, quia *nihil praeter se ipsum* est *simile illi*, scilicet quantum ad modum bonitatis; nihil autem aliud praeter primum bonum eodem modo est bonum sicut ipsum, quia ipsum solum est primum bonum. Dicuntur tamen aliqua ei similia in quantum sunt secundario bona derivata ab ipso primo et principali bono. Si ergo omnia sunt ipsum primum bonum, cum[c] ipsum primum bonum nihil sit aliud quam Deus, sequitur quod omnia entia *sint Deus*, *quod* etiam dicere *nefas est*. Sequitur igitur et ea quae praemissa sunt esse falsa. *Non igitur* entia *sunt substantialia bona*, neque *in* eis ipsum *esse est bonum*, quia ex his conclusum est quod omnia sint Deus, et ulterius sequitur quod *non* omnia *sunt bona* in quantum sunt.

Deinde cum dicit: *Sed nec participant* etc., procedit ulterius ad removendum primam suppositionem et dicit quod si huic quod est entia non esse substantialiter bona adiungatur alia conclusio quae

---

[a] si igitur … bonum] *hom. om.* α β [b] et bonum esse] *hom. om.* C^1 β($-V^5$)
[c] cum … bonum] *hom. om.* C^1 δ

was sie sind. Es gehört nämlich zur Substanz eines jeden Dings, was mit seinem Sein einhergeht, aber dass [überhaupt] irgendwelche [Dinge] sind, *haben sie von dem, was Sein ist*: es wurde nämlich oben gesagt, *dass etwas ist, weil es Sein aufgenommen hat*. Daraus resultiert, dass das Sein derer, die entsprechend der eigenen Substanz gut sind, selbst *gut* ist. Wenn also alles gemäß der eigenen Substanz gut ist, hätte dies zur Folge, dass das Sein aller Dinge selbst gut ist. Und da die Voraussetzungen, von denen er in seiner Argumentation ausging, miteinander austauschbar sind, geht er jetzt umgekehrt vor. Aus der Umkehrung ergibt sich nämlich: *Wenn das Sein* aller Dinge *gut* ist, dann sind jene, welche sind, gut, insofern sie sind. Nämlich so, dass bei jedem Ding *Sein* und *Gut-Sein* dasselbe ist. Das hat demnach zur Konsequenz, dass sie substantielle Güter sind aufgrund der Tatsache, dass sie gut sind und dennoch nicht durch Teilhabe an der Gutheit. Welche Unvereinbarkeit daraus folgt, zeigt er anschließend und stellt fest: Wenn das Sein aller Dinge selbst gut ist, dann folgt daraus, dass sie *substantielle Güter sind*. Das hat zur Folge, dass sie *dem ersten Guten ähnlich sind*, welches ein substantielles Gut ist und bei dem Sein und Gut-Sein dasselbe ist. Und daraus ergibt sich weiterhin, dass alle dieses *erste Gute* selbst wären, weil *jenem außerhalb seiner selbst nichts ähnlich* ist, nämlich in Bezug auf die Weise der Gutheit. Nichts anderes ist außerhalb des ersten Guten in derselben Weise gut wie dieses selbst, weil dieses allein das erste Gute ist. Dennoch werden einige [Dinge] diesem ähnlich genannt, insofern sie in zweitrangiger Weise von diesem ersten und ursprünglichen Gut abgeleitete Güter sind. Wenn also alle Dinge das erste Gute selbst sind und da dieses erste Gute selbst nichts anderes ist als Gott, dann folgt, dass alle Seienden *Gott sind, was* zu behaupten noch dazu *eine Frevelhaftigkeit ist.*

3. Ergebniserläuterung: Jeweilige Aporie der alternativen Lösungswege

Daraus resultiert auch, dass jene Äußerungen, die vorausgeschickt wurden, falsch sind. Die Seienden *sind also keine substantiellen Güter*, ebensowenig ist das *Sein* selbst *in* ihnen *gut*, da aus diesen [Annahmen] der Schluss gezogen wurde, dass alle Gott sind. Und weiter wird gefolgert, dass *nicht* alle [Dinge] *gut sind*, insofern sie sind.

Wenn er daraufhin sagt: *Aber sie haben [...] nicht teil* usw., fährt er mit der Zurückweisung der ersten Voraussetzung fort und sagt: Wenn dazu, dass Seiende nicht substantiell gut sind, die andere Schlussfol-

supra inducta est, scilicet quod entia non sint participative bona quia per hoc sequeretur quod *nullo modo ipsa ad bonum tenderent* ut supra habitum est, videtur ulterius posse concludi, quod *nullo modo* entia sint *bona*, quod est contra id quod supra praemissum est.

IV

Huic quaestioni talis poterit adhibere[a] *solutio. Multa sunt quae cum separari actu non possunt, animo tamen et cogitatione separantur. Ut cum triangulum vel cetera a subiecta*[b] *materia nullus actu*[c] *separat, mente tamen segregans ipsum triangulum proprietatemque eius praeter materiam speculatur.*

Amoveamus igitur primi boni praesentiam paulisper ex animo, quod esse quidem constat idque ex omnium doctorum indoctorumque sententia barbararumque gentium religionibus cognosci potest.

Hoc igitur paulisper amoto, ponamus omnia esse quae sunt bona atque ea consideremus quemadmodum bona esse possent si a primo bono minime defluxissent. Hinc intueor aliud in eis esse quod bona sunt, aliud quod sunt. Ponatur enim una eademque substantia bona esse, alba, gravis, rotunda. Tunc aliud esset ipsa illa substantia, aliud eius rotunditas, aliud color, aliud bonitas. Nam si haec singula idem essent quod ipsa substantia, idem esset gravitas quod color, quod bonum, et bonum quod gravitas; quod fieri natura non sinit. Aliud igitur tunc in eis esse, aliud aliquid esse; ac tunc bona quidem essent, esse tamen ipsum minime haberent bonum. Igitur si ullo modo essent, non a bono ac bona essent; ac non idem essent quod bona, sed eis aliud esset esse, aliud bonis[d] *esse.*

---

[a] adhibere] adhiberi *Moreschini* [b] cetera a subiecta] cetera subiecta *Moreschini* [c] actu] actus *Moreschini* [d] bonis] bonum, bona, boni *Moreschini*

---

58 Gegenüber der Formulierung in der kritischen Ausgabe »nullus actus« (nicht wirklich) ergibt sich nur eine unmerkliche Bedeutungsverschiebung.
59 Zur Abstraktionsdoktrin bei Boethius vgl. Alain de Libera, *L'art des généralités. Théories de l'abstraction* (Aubier Philosophie), Paris 1999, S. 159–280.
60 Einen ähnlichen Rückschluss auf Gott drückt Boethius auch in der Trostschrift aus, vgl. *De Cons. Philos.* 3, 12, 8 (ed. Moreschini, S. 92): »Hoc, quicquid est, quo condita manent atque agitantur, usitato cunctis vocabulo deum nomino.« Ähnlich *De Cons. Philos.* 3, 10, 7. Zur Gottesvorstellung als eingeborener

gerung hinzugefügt wird, welche oben angeführt wurde, nämlich dass die Seienden nicht im Sinne der Teilhabe gut sind, ergibt sich daraus, dass *sie selbst in keiner Weise zum Guten hinstreben*, wie oben festgehalten wurde. So scheint man weiter schließen zu können, dass Seiende *in keiner Weise gut* sind, was sich gegen das eingangs Vorausgesetzte richtet.

IV. Die Lösung des Boethius

Zu dieser Fragestellung wird man eine derartige Lösung heranziehen können. Es gibt vieles, das – obwohl es in Wirklichkeit nicht getrennt werden kann – dennoch in unserem Geist und Denken voneinander getrennt wird. Niemand trennt beispielsweise ein Dreiecksgebilde oder sonstiges in Wirklichkeit von der materiellen Grundlage.[58] *Indem man es im Geist dennoch davon absondert, wird das Dreieck selbst und seine Eigenheit, abseits der [konkret vorliegenden] Materie betrachtet.*[59]

Blenden wir dementsprechend die Gegenwart des ersten Guten für einen Moment aus unserem Geist aus, wenn auch gewiss feststeht, dass es ist, und dies an der Überzeugung aller Gebildeten wie Ungebildeten, sowie an den religiösen Gesinnungen der Barbarenvölker erkannt werden kann.[60]

Ist dieses [erste Gute] also für einen Moment ausgeblendet, nehmen wir an, alle, die sind, seien gut, und überlegen diesbezüglich, auf welche Weise sie gut sein könnten, wenn sie doch keinesfalls vom ersten Guten entflossen wären. Von daher erblicke ich, dass es in ihnen [etwas] anderes ist, dass sie gut sind, und anderes, dass sie sind. Man nehme nämlich einmal an, dass ein und dieselbe Substanz gut ist, [ebenso] weiß, schwer und rund. Dann wäre jene Substanz selbst etwas anderes als ihre Rundheit, etwas anderes wäre die Farbe und wieder anderes die Gutheit; denn wenn diese Einzelheiten dasselbe wären wie die Substanz selbst, wäre das Gewicht dasselbe wie die Farbe, die Farbe wie das Gute und das Gute wie das Gewicht; was die Natur nicht gestattet. Anderes wäre es dann also in ihnen zu sein, anderes etwas zu sein; und dann wären sie zwar gut, das Sein selbst hätten sie dennoch keineswegs als gutes. Wenn sie

---

und daher kulturübergreifende Idee vgl. Cicero, *De natura deorum* I, 43; II, 5–12; hier 13 (ed. Gerlach, S. 158[17–20]): »Itaque inter omnis omnium gentium summa constat; omnibus enim innatum est et in animo quasi inscultpum esse deos. Quales sint, varium est, esse nemo negat.«

Quod si nihil[a] *aliud essent nisi bona neque gravia neque colorata neque spatii dimensione distenta nec ulla in eis qualitas esset nisi tantum bona essent, tunc non res, sed rerum viderentur esse principium; nec potius viderentur sed videretur. Unum enim solumque est huiusmodi quod tantum bonum aliudque nihil sit.*

Quae quoniam non sunt simplicia nec esse omnino poterant nisi ea id quod solum bonum est esse voluisset. Idcirco quoniam esse eorum a boni voluntate defluxit bona esse dicuntur. Primum enim bonum quoniam est in eo quod est bonum est. Secundum vero bonum quoniam ex eo fluxit cuius ipsum esse bonum est ipsum quoque bonum est. Sed ipsum esse omnium rerum ex eo fluxit quod est primum bonum et quod bonum tale est ut recte dicatur in eo quod est esse bonum. Ipsum igitur eorum esse bonum est. Tunc enim in eo[b] *quod essent non essent bona si a primo bono minime defluxissent.*

Praemissa quaestione et rationibus hic inde inductis, hic Boetius adhibet solutionem, et circa hoc tria facit. Primo determinat veritatem quaestionis. Secundo solvit obiectionem, ibi: *Qua in re soluta est quaestio.* Tertio inducit quasdam obiectiones contra solutionem et solvit eas, ibi: *at non alba* etc.

Circa primum tria facit. Primo praemittit quandam suppositionem. Secundo ostendit quid illa suppositione facta sequatur circa bonitatem rerum, ibi: *Hoc igitur paulisper* etc. Tertio ostendit qualiter se habeat bonitas rerum secundum rei veritatem nulla suppositione facta, ibi: *Quae quoniam non sunt simplicia* etc.

---

[a] nihil] omnino *add. Moreschini*   [b] *Sine add.* Tunc enim in eo. *Moreschini*

---

[61] Die Gutheit Gottes ist für Boethius an der gemeinsamen Auffassung aller Menschen ersichtlich und rational nachvollziehbar, vgl. *De Cons. Philos.* 3, 10, 7–10.

[62] Vgl. Augustinus, *De libero arbitrio* II, 3, 7 [20]; 20, 54 [201–204]; *De doctrina christiana* I, 32, 35.

[63] Der zweite Satzteil », quod essent … defluxissent.« fehlt in der kritischen Ausgabe. Ohne die Erweiterung wäre zu lesen: »Also ist ihr Sein selbst gut, alsdann nämlich in diesem [ersten Guten].«

also überhaupt in irgendeiner Weise wären, dann wären sie nicht vom Guten und wären gut; und so wären sie nicht dasselbe wie [substantielle] Güter, sondern für sie wäre es anderes zu sein und anderes gut zu sein.

Wenn sie [die Substanzen] aber [überhaupt] nichts anderes wären als gut, also weder schwer, noch farbig, noch in räumlicher Dimension ausgedehnt und bei ihnen auch keine andere Qualität vorhanden wäre, außer eben, dass sie gut wären, dann schienen sie nicht Dinge, sondern Prinzip der Dinge zu sein; doch viel eher als ›schienen sie‹ würde gelten ›schien es‹ [das Prinzip der Dinge zu sein]; eines nämlich und dieses allein ist auf diese Weise, dass es nur gut und nichts anderes ist.[61]

Weil sie aber nicht einfach sind, könnten sie überhaupt nicht sein, wenn nicht das, was allein das Gutsein ist, gewollt hätte, dass sie sind.[62] *Deswegen, weil ihr Sein vom Willen des Guten entflossen ist, werden sie gut genannt. Das erste Gute nämlich ist gut, weil es ist, in dem, was es ist. Das zweite Gute aber, weil es ja von jenem geflossen ist, dessen Sein selbst das Gute ist, ist selbst auch gut. Aber das Sein selbst aller Dinge ist aus dem geflossen, welches das erste Gute ist und welches derart gut ist, dass man zu Recht sagt, es ist gut, in dem, was es ist. Also ist ihr Sein selbst gut. Dann nämlich wären sie in dem, was sie sind, nicht gut, wenn sie in keiner Weise dem ersten Guten entflossen wären.*[63]

Kapitel 4: Auslegung der boethianischen Lösung

Ausgehend von der vorausgeschickten Fragestellung und den darauf bezogenen Argumenten unterbreitet Boethius nunmehr die Lösung. Diesbezüglich unternimmt er dreierlei: Erstens bestimmt er die Wahrheit der Fragestellung. Zweitens beseitigt er einen Einwand an der Stelle: *In diesem Sinn ist die Frage gelöst.* Drittens führt er bestimmte Einwände gegen die Lösung an und löst diese auf, wo es heißt: *Doch [werden] nicht auch jene, die weiß sind* usw.

Bezüglich des ersten Punktes geht er in drei Schritten vor. Zuerst legt er vorab eine bestimmte [hypothetische] Voraussetzung dar. Zweitens zeigt er, was entsprechend dieser getroffenen Voraussetzung für die Gutheit der Dinge folgt, wo es heißt: *Ist dieses [erste Gute] also für einen Moment ausgeblendet* usw. Drittens legt er dar, wie sich die Gutheit der Dinge gemäß der Wahrheit der Sache verhält, ohne jede [hypothetische] Voraussetzung, wo es heißt: *Weil sie aber nicht einfach sind* usw.

Circa primum duo facit. Primo praemittit quiddam quod est necessarium ad ostendendum quod possit fieri talis suppositio. Secundo suppositionem inducit, ibi: *Amoveamus igitur* etc.

Dicit ergo primo quod *multa sunt quae non possunt actu separari*, quae *tamen animo et cogitatione separantur*, cuius ratio est quia alio modo sunt res in anima et alio modo sunt in materia. Potest ergo esse quod aliquid ex ipso modo quo est in materia habeat inseparabilem coniunctionem ad aliud, et tamen secundum quod est in anima non habet inseparabilem coniunctionem ad ipsum, quia scilicet ratio unius est distincta a ratione alterius; et ponit exemplum de triangulo et aliis mathematicis quae a *materia* sensibili *actu* separari non possunt, cum tamen mathematicus abstrahendo *mente* consideret *triangulum* et *proprietatem eius praeter materiam* sensibilem, quia scilicet ratio trianguli non dependet a materia sensibili.

Deinde cum dicit: *Amoveamus igitur* etc., ponit suppositionem quam intendit, ut scilicet secundum consideratione mentis removeamus ad tempus *praesentiam primi boni* a ceteris rebus, quod quidem possibile est secundum ordinem cognoscibilium quoad nos. Quamvis enim secundum naturalem ordinem cognoscendi Deus[a] sit primum cognitum, tamen quo ad nos prius sunt cogniti effectus sensibiles eius; et ideo nihil prohibet in consideratione nostra cadere effectus summi boni absque hoc quod ipsum primum bonum consideremus, ita tamen quod[b] primum bonum non[c] removeamus a consideratione

---

[a] Deus sit] *inv.* γ [b] quod] *om.* φ(-V[1]) β(-V[5]) (*deest* Lo[7]) [c] non] *om.* φ(-V[1]) β (*deest* Lo[7])

---

64 Vgl. zum abstraktiven Experiment die *Hebdomaden*-Interpretation bei Albertus Magnus, *De bono* q. 1 a. 7 n. 22–27 (Ed. Colon. 28, S. 12 b–15a, hier n. 24 S. 13b[74–78]): »Intelligamus enim paulisper primum bonum non esse bonum et tamen ipsum esse causam entis creati, tunc ens creatum, etiamsi bonum, non tamen idem erit esse et bonum esse in ipso« und *Super Dionysium De Divinis nominibus* c. 2 n. 6.

65 Zur Thematik des *primum cognitum* Vgl. *In I Sent.* d. 3 q. 1 a. 2; *In II Sent.* prol.; *In de Trin.* prol.; q. 1 a. 1 co. und a. 3; *De veritate* q. 10 a. 12; *S. c. gent.* I, c. 10 u. 11; II, c. 4; *S. theol.* I, q. 2 a. 1.

66 Thomas begegnet der Voraussetzung des Gedankenexperiments mit erkennbarer Vorsicht. Da sie im Grunde genommen auf einen hypothetischen Atheismus hinausläuft, ist sie für ihn sowohl im epistemologischen Sinn als auch in religiöser Perspektive nur sehr restriktiv zu handhaben. Eine andere Intention des Gedankenexperiments unterstellt er Boethius in *De veritate* q. 1 a. 1 arg. 3.

In Bezug auf den ersten Schritt unternimmt er eine Zweiteilung. Zuerst schickt er etwas Bestimmtes voraus, das notwendig ist, um zu zeigen, dass eine derartige [hypothetische] Voraussetzung zustandekommen kann. Darauf führt er die Voraussetzung an, wo es heißt: *Blenden wir dementsprechend* usw.

1. Kommentar zu den Möglichkeitsbedingungen der hypothetischen Voraussetzung

Er sagt also zunächst, dass es *vieles gibt, was in Wirklichkeit nicht getrennt werden kann*, das *dennoch in Geist und Denken voneinander getrennt wird*. Die Begründung hierfür liegt darin, dass die Dinge auf eine Weise in der Seele sind und auf andere Weise in der Materie vorliegen. Es kann also vorkommen, dass etwas, eben aufgrund der Weise, wodurch es in der Materie ist, eine untrennbare Verbindung zu anderem aufweist und dennoch zu diesem, insofern es in der Seele ist, keine untrennbare Verbindung besteht, weil nämlich der Sinngehalt des einen von dem des anderen verschieden ist. Dazu führt er das Beispiel eines Dreiecks und weiterer mathematischer Gegebenheiten an, die von der sinnenfälligen *Materie* in *Wirklichkeit* nicht getrennt werden können, während ein Mathematiker das *Dreieck* und *seine Eigenschaften abseits der* sinnenfälligen *Materie* bedenkt, indem er sie im *Geist* abstrahiert, weil nämlich der Sinngehalt des Dreiecks nicht von der sinnenfälligen Materie abhängt.

Wenn er hierauf sagt: *Blenden wir dementsprechend [die Gegenwart des ersten Guten …] aus* usw., legt er die [hypothetische] Voraussetzung dar, um die es ihm geht, dass wir nämlich in einer entsprechenden Überlegung des Geistes die *Gegenwart des ersten Guten* eine zeitlang von den übrigen Dingen entfernen.[64] Dies ist möglich entsprechend der Ordnung der erkennbaren Dinge, sofern sie uns betrifft. Obgleich nämlich gemäß der natürlichen Erkenntnisordnung Gott das zuerst Erkannte ist, so werden dennoch, was uns betrifft, seine sinnenfälligen Wirkungen früher erkannt.[65] Und demzufolge steht nichts entgegen, dass die Wirkungen des höchsten Guten zum Inhalt unserer Überlegung werden, ohne dass wir das erste Gute selbst in Betracht ziehen; dennoch entfernen wir so das erste Gute nicht aus der Überlegung des Geistes, *weil* für uns gewiss feststeht, dass es *ist*.[66] Das nämlich *kann* nach der gemeinsamen *Überzeugung* aller, sowohl der *Gebildeten* wie der *Ungebildeten* und desweiteren auch an *den*

mentis, *quod* omnino constet nobis illud *esse*. Hoc enim *cognosci potest* ex communi omnium *sententia* tam *doctorum* quam *indoctorum*, et ulterius etiam ex ipsis *religionibus gentium barbararum* quae nullae essent, si Deus non est.

Deinde cum dicit: *Hoc igitur paulisper amoto* etc., ostendit quid hac suppositione facta sequatur circa bonitatem rerum, et circa hoc duo facit. Primo manifestat quod intendit. Secundo probat quiddam quod supposuerat, ibi: *Quod si nihil aliud* etc.

Dicit ergo primo quod remoto per intellectum primo bono, *ponamus* quod cetera quae sunt[a] sint *bona*, quia ex bonitate effectuum devenimus in cognitionem boni primi. *Consideremus* ergo qualiter *possent esse bona si* non processissent *a primo bono*. Hac enim suppositione facta, videtur *in eis aliud esse* ipsa bonitas et ipsum eorum esse. Si enim *ponatur una* et *eadem substantia esse bona, alba, gravis, rotunda*, sequetur quod *aliud* in *illa* re *esset* eius *substantia, aliud rotunditas, aliud color, aliud bonitas*. Intelligitur enim bonitas uniuscuiusque rei virtus ipsius per quam perficit operationem bonam, nam virtus est quae bonum facit habentem et opus eius bonum reddit, ut patet per Philosophum in libro Ethicorum. Quod autem ista sunt aliud quam substantia rei, probat per hoc quod *singula* praemissorum, *si essent idem quod* rei substantia, sequeretur quod etiam omnia illa essent eadem ad invicem, scilicet quod *idem esset gravitas quod color* et quod bonum et quod album et quod rotunditas, quia quae uni et eidem sunt eadem sibi invicem sunt; hoc autem *natura* rerum *non* patitur quod omnia ista sint idem. Relinquitur *igitur* quod praemissa suppositione facta *aliud esset* in rebus ipsum *esse* et *aliud aliquid esse*, puta

[a] quae sunt] *om. Calcaterra* (ed. *Marietti*)

[67] Thomas widmet der Unterscheidung von *ens* und *bonum* einen eigenen Artikel in der *S. theol.* I, q. 5 a. 1, interessant hier seine Bezugnahme auf Boethius arg. 1 sowie seine diesbezügliche Replik ad 1.

[68] Vgl. Aristoteles, *Eth. Nic.* II, 5 (1106a 15–24). Vgl. dazu den Kommentar von Thomas *Sent. lib. II Ethic.* l. 6; *In III Sent.* d. 23 q. 1 a. 3 qc. 1.

[69] Vgl. Aristoteles, *De soph. elench.* 6 (168b 31–32); Thomas, *Expos. Post.* I, 43.

religiösen Gesinnungen der Barbarenvölker, erkannt werden, die es keinesfalls gäbe, wenn Gott nicht wäre.

Wenn er dann sagt: *Ist dieses [erste Gute] also für einen Moment ausgeblendet* usw., zeigt er, was aus dieser getroffenen Voraussetzung mit Rücksicht auf die Gutheit der Dinge folgt. Diesbezüglich nimmt er eine Zweiteilung vor. Erstens verdeutlicht er, was er beabsichtigt. Zweitens beweist er dasjenige, was er vorausgesetzt hatte, an der Stelle: *Wenn sie aber [überhaupt] nichts anderes* usw.

2. Kommentar zur Durchführung des hypothetischen Gedankenexperiments

Er sagt also zuerst: Nachdem wir das erste Gute [hypothetisch] durch den Intellekt entfernt haben, *nehmen wir an*, dass alle übrigen [Dinge], die sind, *gut* sind, weil wir aufgrund der Gutheit der Wirkungen zur Erkenntnis eines ersten Guten gelangen. *Überlegen wir* also, wie *sie gut sein könnten*, wenn sie nicht *von einem ersten Guten* hervorgegangen wären. Angesichts dieser getroffenen Voraussetzung nämlich scheint *bei ihnen* die Gutheit selbst *etwas anderes* zu sein als ihr Sein selbst.[67] Wenn man nämlich *annimmt, dass ein* und *dieselbe Substanz gut, weiß, schwer und rund ist*, würde das zur Folge haben, dass bei *diesem* Ding seine *Substanz anderes wäre als die Rundheit, und anderes [wäre] die Farbe wieder anderes die Gutheit*. Unter der Gutheit eines jeden Dings versteht man nämlich das Vermögen desselben, durch das es eine gute Tätigkeit vollzieht. Denn es ist das Vermögen, welches denjenigen, der es zu eigen hat und sein Werk gut macht, wie vom Philosophen im Buch der [*Nikomachischen*] *Ethik* eröffnet.[68] Dass aber jene [Eigenschaften] etwas anderes sind als die Substanz eines Dings, beweist er durch dieses: Wenn einzelne der zuvor angeführten [Eigenschaften] *dasselbe wären wie* die Substanz eines Dings, hätte das zur Konsequenz, dass auch alle jene [Eigenschaften] wechselseitig dieselben wären. Das heißt, dass *das Gewicht dasselbe wäre wie die Farbe* und wie das Gute und wie das Weiße und wie die Rundheit, weil [Dinge], die mit ein und demselben identisch sind, untereinander wechselseitig identisch sind.[69] Die *Natur* der Dinge lässt aber *nicht* zu, dass alle identisch sind. Es verbleibt *daher*, dass nach der getroffenen Voraussetzung in den Dingen *Sein* selbst *davon verschieden ist, etwas zu sein*, also zum Beispiel gut oder weiß oder was auch immer derart ausgesagt wird. Somit *wären* entsprechend der

vel bonum vel album vel quidquid taliter dicitur, et sic praedicta positione facta omnes res *essent* quidem bonae, non tamen *ipsum* eorum esse esset *bonum.* Sic ergo *si* aliquo *modo essent non* a primo bono et tamen in se essent *bona*, sequeretur quod *non idem* esset in eis quod sint talia et *quod* sint *bona, sed aliud esset* in eis *esse et aliud* bonum *esse.*

Deinde cum dicit: *Quod si nihil aliud* etc., probat quod supposuerat, scilicet quod praedicta suppositione facta aliud[a] esset in eis bonum esse et aliud simpliciter esse vel quidquid aliud esse, quia *si nihil aliud* esset in eis *nisi* quod sunt *bona*, ita scilicet quod *neque* essent *gravia neque colorata neque distincta* aliqua *spatii dimensione*, sicut sunt omnia corpora, *non esset in*[b] *eis ulla*[c] *qualitas*[d] *nisi* hoc solum quod *bona essent*; *tunc non* videretur quod essent *res* creatae, sed quod essent ipsum primum *rerum principium*, quia id quod est ipsa essentia bonitatis est primum rerum principium,[e] et per consequens sequeretur quod non oporteret dicere pluraliter de omnibus eis quod *viderentur* esse rerum principium, *sed* singulariter quod *videretur* esse primum rerum principium, tamquam omnes res bonae essent simpliciter unum[f], quia *solum unum est* quod est *huiusmodi* ut sit *tantum*modo *bonum* et *nihil aliud.* Hoc autem patet esse falsum, ergo et primum, quod scilicet res creatae, amoto primo bono, nihil aliud essent quam hoc quod est esse bonum.

Deinde cum dicit: *Quae quoniam non sunt* etc., ostendit quid sit iudicandum de bonitate rerum secundum veritatem, et dicit quod res creatae non habent omnimodam[g] simplicitatem, ut scilicet nihil aliud sit in eis quam essentia[h] bonitatis, *nec* etiam *omnino esse* possent in rerum natura *nisi voluisset ea esse* Deus qui est *id quod solum bonum est*, in quantum scilicet est ipsa essentia bonitatis, sequitur quod

---

[a] aliud esset] *inv.* γ [b] in eis] *praem.* aliqua Bo[2] Wr[40] [c] ulla] illa C[21] N[2] C[1] Lo[7] β aliqua V[1] V[6] O[2] O[20] Bo[10] [d] non esset in eis ulla qualitas] non esset aliqua in illa qualitas L[17] V[48] [e] quia … principium] *hom. om.* Lo[7] pSa[6] γ [f] unum] bonum Lo[7] γ [g] omnimodam] quandam β [h] essentia] esse β L[17]

---

[70] Möglicherweise folgt Thomas hier einer Textvorlage, die das boethianische *distenta* in *distincta* geändert hat. Der Bedeutungsunterschied ist marginal.

zuvor getroffenen Feststellung alle Dinge gut und dennoch wäre ihr Sein *selbst* nicht gut. *Wenn* sie daher auf irgendeine *Weise nicht* von einem ersten Guten und trotzdem in sich *gut* wären, hätte dies zur Folge, dass es bei ihnen nicht dasselbe wäre, solche Dinge zu sein und *gut* zu sein, *sondern anderes wäre* in ihnen *zu sein und anderes* gut *zu sein.*

Wenn er anschließend sagt: *Wenn sie aber [überhaupt] nichts anderes wären* usw., beweist er, was er vorausgesetzt hatte, dass nämlich entsprechend der vorausgehend getroffenen Behauptung gut zu sein in ihnen etwas anderes wäre als einfachhin zu sein oder irgendetwas anderes zu sein. *Wenn* aber *in ihnen nichts anderes* wäre, *außer* dass sie *gut* sind, so dass sie nämlich *weder schwer noch farbig noch durch* irgendeine *räumliche Ausdehnung unterschieden*[70] wären, wie das sonst bei allen körperlichen Dingen der Fall ist; wenn also *in ihnen auch keine andere Qualität vorhanden wäre, außer* der allein, dass *sie gut sind*, dann hätte es nicht den Anschein, dass sie geschaffene Dinge wären, sondern vielmehr, dass sie selbst das erste *Prinzip der Dinge* wären, weil das, was das Wesen selbst der Gutheit ist, das erste Prinzip der Dinge ist. Als Konsequenz würde sich ergeben, dass man von ihnen allen nicht in der Mehrzahl sprechen müsste, dass *sie* das Prinzip der Dinge zu sein *schienen*, sondern in der Einzahl, [also] dass *es* das erste Prinzip der Dinge zu sein *schien*, als wären gleichsam alle guten Dinge schlechthin eines, weil *eines allein ist*, welches *auf diese Weise* ist, *dass es nur gut* und *nichts anderes* ist. Dieses [Ergebnis, dass alles schlechthin Eines wäre] ist jedoch offenkundig falsch und damit auch die erste Behauptung, dass nämlich die geschaffenen Dinge, unter Ausblendung des ersten Guten, nichts anderes wären als das, was Gutsein ist.

3. Bestimmung der realen Gutheit der Seienden in Differenz zum ›primum bonum‹

Wenn es dann heißt: *Weil sie aber nicht [einfach] sind* usw., zeigt er, welches Urteil in Bezug auf die Gutheit der Dinge wahrheitsgemäß getroffen werden muss. Weil geschaffene Dinge, so sagt er, in gar keiner Weise Einfachheit besitzen, so dass in ihnen nichts anderes wäre als das Wesen der Gutheit, könnten sie der Natur der Dinge nach auch *überhaupt nicht* sein, *wenn nicht* Gott, *der das ist, was allein gut ist, gewollt hätte, dass sie sind.* Insofern er nämlich das Wesen der Gutheit

quia *esse* rerum creatarum effluxit *a voluntate*[a] illius qui est essentialiter bonum, ideo res creatae *bonae esse dicuntur. Primum enim bonum,*[b] scilicet Deus, *in eo quod est, bonum est*, quia est essentialiter ipsa bonitas; sed *secundum bonum* quod est creatum *est bonum* secundum quod *fluxit* a primo bono quod est per essentiam bonum. Cum igitur *ipsum esse omnium rerum fluxit* a primo bono, consequens est quod *ipsum esse* rerum creatarum sit *bonum*, et quod unaquaeque res creata in quantum est sit bona; sed sic solum res creatae *non essent bonae in eo quod sunt*, si esse earum non procederet *a summo bono.*

Redit ergo eius solutio ad hoc quod esse primi est secundum propriam rationem bonum, quia natura et essentia primi boni nihil aliud est quam bonitas; esse autem secundi boni est quidem bonum, non secundum rationem propriae essentiae quia essentia eius non est ipsa bonitas, sed vel humanitas vel aliquid aliud huiusmodi, sed esse eius habet quod sit bonum ex habitudine ad primum bonum quod est eius causa, ad quod quidem comparatur sicut ad primum principium et ad ultimum finem per modum quo aliquid dicitur sanum quo aliquid ordinatur ad finem sanitatis et dicitur medicinale secundum quod est a principio effectivo artis medicinae. Est enim considerandum secundum praemissa quod in bonis creatis est duplex bonitas, una quidem secundum quod dicuntur bona per relationem ad primum bonum, et secundum hoc esse eorum et quidquid in eis est a primo bono est bonum; alia vero bonitas consideratur in eis absolute, prout scilicet unumquodque dicitur bonum in quantum est perfectum in esse et in operari, et haec quidem perfectio non competit bonis creatis secundum ipsum esse essentiale eorum, sed secundum aliquid superadditum quod dicitur virtus eorum ut supra dictum est; et secundum hoc ipsum esse eorum[c] non est bonum, sed primum horum[d] habet omnimodam perfectionem in ipso suo esse, et ideo esse eius est secundum se et absolute bonum.

---

[a] voluntate] bonitate β [b] ideo … bonum] *hom. om.* Lo^7 γ [c] eorum] *om.* φ(-Lo^7) β [d] horum] bonum *Calcaterra* (ed. *Marietti*)

---

[71] Vgl. *De ente et essentia* 4, 37; *S. theol.* I, q. 5 a. 4; *De substantiis separatis*, c. 16. Zum Habitus vgl. Aristoteles, *Kategorien* 8 (8b 25–11a 37); *Metaphysik* V, 20 (1022b 4–14); Thomas Aquin. *S. theol.* I–II, qq. 49–54.

[72] Vgl. Aristoteles, *Metaph.* IV, 2 (1003a 33–b 19).

selbst ist, ergibt sich: Weil das *Sein* der geschaffenen Dinge *aus dem Willen* dessen, der wesenhaft gut ist, entflossen ist, deshalb werden geschaffene Dinge gut genannt. *Das erste Gute nämlich*, das heißt Gott, *ist gut in dem, was er ist*, weil er wesentlich die Gutheit selbst ist. Das *zweite*, geschaffene *Gute* aber *ist gut*, gemäß der Tatsache, dass es vom ersten Guten *geflossen* ist, welches durch die Wesenheit gut ist. Aus der Tatsache, dass also *das Sein aller Dinge selbst vom ersten Guten geflossen ist*, folgt, *dass das Sein* der geschaffenen Dinge *selbst* gut ist und dass ein jedes geschaffene Ding gut ist, insofern es ist. Aber allein auf diese Weise wären geschaffene Dinge *nicht gut in dem, was sie sind*, wenn ihr Sein nicht *vom höchsten Gut* ausgegangen wäre.

Seine Lösung kommt also darauf zurück, dass das Sein des Ersten gemäß des eigenen Sinngehalts gut ist, weil Natur und Wesen des ersten Gutes nichts anderes ist als Gutheit. Das Sein des zweitrangigen Guten hingegen ist zwar gut, allerdings nicht gemäß des Sinngehalts des eigenen Wesens, weil sein Wesen nicht die Gutheit selbst ist, sondern entweder Menschhaftigkeit oder etwas anderes dieserart; vielmehr verdankt das Sein [der sekundären Güter] die Tatsache, dass es gut ist, dem Habitus zum ersten Guten, das seine Ursache ist.[71] Zu diesem steht es nämlich in Beziehung wie zu einem ersten Prinzip und einem Letztziel, in jener Weise, nach welcher man ›gesund‹ nennt, wodurch etwas auf das Ziel der Gesundheit hingeordnet ist oder wie etwas ›medizinisch‹ heißt, insofern es von einem wirksamen Prinzip der medizinischen Heilkunst herrührt.[72] Dem vorliegenden Text zufolge muss man nämlich in Betracht ziehen, dass es in den geschaffenen Gütern eine zweifache Gutheit gibt. Eine, wonach sie ›gut‹ genannt werden aufgrund einer Beziehung zum ersten Gut und derzufolge sowohl ihr Sein als auch alles, was in ihnen vom ersten Gut stammt, gut ist. Die andere Gutheit wird in ihnen hingegen in absolutem Sinn in Betracht gezogen, nachdem nämlich jedes Einzelne gut genannt wird, insofern es in Sein und Tätigsein vollkommen ist. Diese Vollkommenheit kommt den geschaffenen Dingen nicht infolge ihres wesentlichen Seins als solchem zu, sondern gemäß etwas Hinzukommendem, was – wie zuvor gesagt – ihr Vermögen genannt wird; und diesem gemäß ist ihr Sein selbst nicht gut, doch das Erste von ihnen hat jegliche Vollkommenheit in seinem Sein selbst und daher ist sein Sein für sich und absolut gut.

V

Qua in re soluta quaestio est. Idcirco enim, licet in eo quod sint bona sint, non sunt tamen similia primo bono quoniam non quoquo modo sint res ipsum esse earum bonum est. Sed quoniam non potest esse ipsum esse rerum nisi a primo esse defluxerit id est bono, idcirco ipsum esse bonum est nec est simile ei a quo est. Illud enim quoquo modo sit bonum est in eo quod est. Non enim aliud est praeterquam bonum. Hoc autem nisi ab illo esset bonum fortasse esse posset, sed bonum in eo quod est esse non posset. Tunc enim participaret forsitan bono; ipsum vero esse quod non haberent a bono bonum habere non possent.

Igitur sublato ab his bono primo mente et cogitatione, ista licet essent bona, tamen in eo quod essent bona esse non possent. Et quoniam actu non potuere exsistere nisi illud ea quod vere bonum est produxisset, idcirco et esse eorum bonum est et non est simile substantiali bono id quod ab eo fluxit. Et nisi ab eo fluxissent licet essent bona, tamen in eo quod sunt bona esse non possent quoniam et praeter bonum et non ex bono essent cum illud ipsum bonum primum est[a] *et ipsum esse sit et ipsum bonum et ipsum esse bonum.*

At[b] *non etiam alba in eo quod sunt alba esse oportebit ea quae alba sunt quoniam ex voluntate dei fluxerunt ut essent alba? Minime*[c]*: aliud enim est esse, aliud albis*[d] *esse. Hoc ideo quoniam qui ea ut essent effecit bonus quidem est, minime vero albus. Voluntatem igitur boni comitatum est ut essent bona in eo quod sunt; voluntatem vero non albi non est comitata talis ei quidem proprietas*[e] *ut esset album in eo quod est; neque enim ex albi voluntate defluxerunt. Itaque, quia voluit esse ea alba qui*

---

a est] [est] *Moreschini secl. Tester* b esse bonum. At] esse bonum, ut *Moreschini* c ut essent alba? Minime] ut essent; alba, minime. *Moreschini* d albis] alba, album *Moreschini* e ei quidem proprietas] eius quod est proprietas *Moreschini*

---

73 Vgl. Augustinus, *Confessiones* 7, 11 [17]–12 [18].

74 Augustinus, *Enarrationes in Psalmos* 134, 4; *De Trinitate* VII, 4, 9; *Soliloquia* I, 2f.

75 Erst und einzig an dieser Stelle verwendet Boethius zur Bezeichnung des Guten als Ursprungsprinzip den Namen ›Gott‹, was auch im späteren Genuswechsel *(bonus statt bonum)* zum Ausdruck kommt. Zur Gleichsetzung des Guten mit der Substanz Gottes cf. *De Cons. Philos.* 3, 10, 43.

V. Die Erörterung der Lösung durch Boethius

In diesem Sinn ist die Frage gelöst. Wenngleich sie [= die dem ersten Guten entstammenden Dinge] in dem, was sie sind, gut sein mögen, sind sie dennoch dem ersten Guten deshalb nicht ähnlich, weil ihr Sein selbst nicht gut ist, auf welche Weise Dinge auch immer sein mögen. Aber weil nun einmal das Sein der Dinge selbst überhaupt nur sein kann, wenn es vom ersten Sein entflossen ist, das heißt vom Guten, darum ist das Sein selbst gut und ist dennoch jenem nicht ähnlich, von dem es ist.[73] *Jenes [erste Sein] nämlich, auf welche Weise es [auch immer] sei, ist gut in dem, was es ist. Es ist nämlich nichts anderes als gut. Dieses [Selbstsein der Dinge] aber, wenn es nicht von jenem [ersten Sein, d. h. dem Guten] wäre, könnte vielleicht gut sein, aber gut in dem, was es ist, könnte es nicht sein. Vielleicht hätte es dann [sogar irgendwie] am Guten teil, aber das Sein selbst, welches sie [die Substanzen] nicht vom Guten hätten, könnten sie nicht als Gutes besitzen.*

Ist daher das erste Gute im Geist und Denken von diesen [sekundären Gütern] weggenommen, mögen sie [der obigen Annahme nach] gut sein, dennoch könnten sie in dem, was sie sind, nicht gut sein, weil sie in Wirklichkeit nicht existieren könnten, wenn nicht jenes [erste Gute], welches das wahrhaft Gute ist, sie hervorgebracht hätte. Deshalb ist ihr Sein zwar gut, und doch ist dasjenige dem substantiell Guten nicht gleich, was von ihm hervorströmte. Wenn sie [die sekundären Güter] nicht von diesem [substantiell Guten] geflossen wären, mögen sie [beiläufig] gut sein, dennoch könnten sie nicht gut sein in dem, was sie sind, weil sie sowohl außerhalb des Guten als auch nicht aus dem Guten wären; wohingegen jenes erste Gute selbst sowohl das Sein selbst als auch das Gute selbst, ja das Gutsein selbst ist.[74]

Doch werden [dann] nicht auch jene [Dinge], die weiß sind, [gerade] in dem, was sie als Weiße sind, notwendiger Weise weiß sein, weil sie [so] aus Gottes Willen geflossen sind, dass sie weiß sind?[75] *– Keineswegs. Es ist nämlich anderes zu sein und anderes weiß zu sein. Dies ist deshalb der Fall, weil der, welcher bewirkt hat, dass sie sind, zwar gut ist, jedoch keineswegs weiß. Mit dem Willen des Guten geht also einher, dass sie gut sind in dem, was sie sind. Der Wille eines Nicht-Weißen wird hingegen von keiner solchen Eigentümlichkeit begleitet, dass etwas [von ihm Gewolltes] weiß ist, in dem, was es ist, und ebensowenig sind sie [die weißen Dinge] dem Willen eines Weißen entflossen. Dinge sind bloß deshalb weiß, weil der, welcher nicht weiß war, gewollt hat, dass sie weiß sind.*

erat non albus, sunt alba tantum. Quia vero voluit ea esse bona qui erat bonus, sunt bona in eo quod sunt.

Secundum hanc igitur rationem, cuncta oportet esse iusta quoniam ipse iustus est qui ea esse voluit? Ne hoc quidem, nam bonum esse essentiam, iustum vero esse actum respicit. Idem autem est in eo esse quod agere. Idem igitur bonum esse quod iustum. Nobis vero non est idem esse quod agere: non enim simplices sumus. Non est igitur nobis idem bonis esse quod iustis, sed idem nobis est esse omnibus in eo quod sumus; bona igitur omnia sumus, non etiam iusta.

Amplius bonum quidem generale est, iustum vero speciale, nec species descendit in omnia; idcirco alia quidem iusta, alia aliud, omnia bona.

Postquam determinavit veritatem praemissae quaestionis, hic solvit obiectionem ex qua concludebatur quod si bona creata sunt bona in eo quod sunt, quod[a] sint similia primo bono, et circa hoc duo facit: primo solvit obiectionem, secundo colligit quae dicta sunt, ibi: Si *igitur sublato* etc.

Dicit ergo primo quod ex praemissis patet hanc quaestionem esse solutam. Ideo *enim non sunt similia primo bono* per hoc *quod* sunt *bona in eo quod* sunt, quia *ipsum esse* rerum creatarum *non est bonum* absolute quocumque *modo* se habeat, sed solum secundum habitudinem ad primum bonum; sed quia *ipsum esse rerum creatarum non potest esse nisi* derivetur *a primo* bono, *idcirco ipsum* eorum *esse bonum est nec* tamen *est simile* in bonitate primo bono, quia *illud* absolute est bonum quomodocumque se habeat, quia nihil est in eo

---

[a] quod] et β(–V^5) *om.* V^5

---

[76] Vgl. *De Trin.* (tract. I) c. 4 (ed. Moreschini, S. $174^{187-192}$).

Weil aber derjenige, der gewollt hat, dass sie gut sind [selbst] gut war, sind sie gut, in dem, was sie sind.

Muss nun entsprechend dieser Begründung alles gerecht sein, weil jener selbst gerecht ist, der gewollt hat, dass sie sind? Das gewiss nicht, denn ›gut sein‹ bezieht sich auf das Wesen, ›gerecht sein‹ dagegen auf eine Handlung. In ihm [dem ersten Guten] jedoch ist Sein dasselbe wie Handeln. Folglich ist [in ihm] gut sein dasselbe wie gerecht sein.[76] *Für uns aber ist Sein nicht dasselbe wie Handeln, da wir nicht einfach sind. Darum ist es für uns nicht dasselbe gut zu sein wie gerecht. Aber für uns alle ist das Sein dasselbe in dem, was wir sind. Daher sind wir alle gut, nicht jedoch auch gerecht.*

Weiterhin ist ›gut‹ ja [in allgemeiner Geltung] zur Gattung gehörig, ›gerecht‹ hingegen [gehört in seiner besonderen Geltung] zur Art; eine Art indes erstreckt sich nicht auf alles. Deshalb sind einige gerecht, andere etwas anderes, alle aber gut.

Kapitel 5: Auslegung der vertiefenden Lösungsdiskussion und der Entkräftung von Einwänden

Nachdem er den Wahrheitsgehalt der vorausgeschickten Fragestellung bestimmt hat, entkräftet er hier einen Einwand, aus dem der Schluss gezogen wurde, dass, wenn nun geschaffene Güter in dem, was sie sind, gut sind, sie dem ersten Gut ähnlich sind. Diesbezüglich unternimmt er zweierlei. Zuerst entkräftet er den Einwand, zweitens fasst er das Gesagte zusammen, wo es heißt: *Ist daher [das erste Gute …] weggenommen* usw.

1. Erläuterung der Unähnlichkeit – Habitus geschaffener Güter zum ersten Guten

Er sagt also, dass aus dem Vorausgegangenen diese Frage offensichtlich gelöst ist. Daher *nämlich sind sie [die geschaffenen Dinge] dem ersten Guten nicht* dadurch *ähnlich, dass* sie *gut* sind, *in dem, was* sie sind, weil das *Sein* der geschaffenen Dinge *selbst nicht* absolut *gut ist*, in welcher Weise es auch immer beschaffen ist, sondern einzig gemäß eines Habitus zum ersten Guten; doch weil *das Sein der geschaffenen Dinge selbst nur sein kann*, wenn es *vom ersten* Guten abgeleitet ist, *deswegen ist* ihr Sein *selbst gut und ist* gleichwohl an Gutheit dem

aliud nisi ipsa essentia bonitatis. Et hoc ideo est, quia non est in eo perfectio per additionem, sed in suo simplici esse habet omnimodam perfectionem ut dictum est. Sed bonum creatum forsitan *posset esse bonum* etiam in se consideratum, etiam si detur per impossibile quod non procederet a primo bono, scilicet bonitate quae sibi competit absolute, sed sic non esset bonum in eo quod est, quia *tunc* esset bonum per participationem bonitatis superadditae, sed *ipsum esse* eius non esset bonum, si a bono non derivaretur; ex huiusmodi habitudine ipsum esse rerum creatarum est bonum.

Deinde cum dicit: *Igitur sublato* etc., colligit in unum quae dicta sunt, et dicit quod, si a rebus per intellectum removeatur primum bonum, omnia alia, *licet* detur quod *essent bona, non tamen* possunt *esse bona in eo quod sunt*, sed quia non potuerunt esse in *actu nisi* in quantum sunt producta a primo[a] *quod est vere bonum*, ideo etiam esse eorum est bonum. Et tamen esse[b] fluens a primo bono *non est simile* primo quod est substantialiter bonum, a quo *nisi* omnia *fluxissent*, *licet essent bona*, *non* tamen essent bona in eo quod sunt, in quantum scilicet non essent ex primo bono, *cum* tamen *ipsum primum bonum* sit *et ipsum esse*, quia eius esse est sua substantia, *et ipsum bonum*, quia est ipsa essentia bonitatis, *et ipsum esse bonum*, quia in eo non differt esse et quod est.

Deinde cum dicit: *At non*[c] *etiam* etc., movet duas obiectiones contra praedicta quarum secundam ponit ibi: *Secundum hanc igitur* etc.

---

[a] primo] bono *add.* V¹ Lo⁷ γ [b] esse] quia est γ(-L¹⁷) *om.* L¹⁷ [c] non] vero V¹ pEt β γ

---

77 Thomas lässt den Numerus-Wechsel der boethianischen Textvorlage (participaret … haberent … non possent), unberücksichtigt.
78 Zur Differenzierung der Aussage, dass Gott gut ist, vgl. *S. theol.* I, q. 13 a. 2.

ersten Guten *nicht ähnlich*, weil *jenes* absolut gut ist, wie auch immer es sich verhält, da in ihm nichts anderes ist als das Wesen der Gutheit selbst. Und dies ist deshalb so, weil es in ihm keine Vollkommenheit durch Hinzufügung gibt. Vielmehr besitzt es in seinem einfachen Sein jegliche Vollkommenheit, wie ausgeführt wurde. Doch möglicherweise *könnte* ein geschaffenes Gut auch für sich betrachtet *gut sein*, auch wenn dies gesetzt des unmöglichen Falls gegeben wäre, dass es nicht aus dem ersten Gut hervorginge, nämlich vermöge einer Gutheit, die ihm absolut zukommt; aber so wäre es [das geschaffene Gut] nicht in dem gut, was es ist, weil es *dann* durch Teilhabe an einer hinzugefügten Gutheit gut wäre. Doch sein *Sein selbst* wäre nicht gut, wenn es nicht vom Guten abgeleitet wäre; vermöge eines derartigen Habitus ist das Sein der geschaffenen Dinge selbst gut.[77]

2. Auslegung des zusammenfassenden Fazits

Wenn er dann sagt: *Ist daher […] weggenommen* usw., fügt er die besprochenen Aspekte zusammen und sagt, dass wenn das erste Gut durch den Intellekt von den Dingen entfernt wird, alle anderen [Dinge], auch bei gegebener Annahme, dass *sie gut sind, dennoch nicht in dem gut sein* können, *was sie sind*. Aber da sie in *Wirklichkeit* nur sein können, insofern sie vom ersten, *welches das wahrhaft Gute ist*, hervorgebracht sind, deshalb ist auch ihr Sein gut. Und dennoch *ist* das vom ersten Guten fließende Sein dem ersten *nicht ähnlich*, welches dem Wesen nach gut ist; wenn nicht alle Dinge von diesem [ersten und wesentlich Guten] ausgeströmt wären, mag man [hypothetisch] annehmen, dass sie gut sind, sie wären dennoch nicht in dem gut, was sie sind, insofern sie nämlich nicht aus dem ersten Guten wären. *Wohingegen* das *erste Gute selbst sowohl das Sein selbst* ist, weil dessen Sein seine Substanz ist, *als auch das Gute selbst*, weil es das Wesen der Gutheit selbst ist, *ja das Gutsein selbst*, weil sich in ihm das Sein und das, was es ist, nicht voneinander unterscheidet.[78]

Wenn er hierauf bemerkt: *Doch [werden dann] nicht auch* usw., bringt er gegen die getroffenen Aussagen zwei Einwände vor, deren zweiten er dort ansetzt, wo es heißt: *Muss nun entsprechend dieser Begründung* usw.

Circa primum ponit talem obiectionem. Dictum est quod omnia in eo quod sunt bona sunt, quia ex voluntate[a] primi boni processit ut essent bona. Numquid ergo omnia *alba in eo quod sunt alba* sunt, quia *ex voluntate Dei* processit *ut alba essent*? Sed ipse respondet quod *minime* hoc oportet, quia[b] his quae sunt *alba aliud est esse* simpliciter quod competit eis[c] secundum principia essentialia, et *aliud* est ex[d] quo sunt alba. Et huiusmodi differentiae inter album et bonum ratio est quia Deus, qui fecit creata et bona et alba, est *quidem bonus*, non est autem *albus*. Sic *igitur* ad *voluntatem* primi *boni* consecutum est ut creata *essent bona* in quantum voluit ea esse bona, et quod *essent bona in eo quod sunt* in quantum sunt a bono producta, quia esse rerum creatarum, ex hoc ipso quod est a bono, habet rationem boni ut dictum est; sed *voluntatem* Dei non est consecuta *talis proprietas* ut id quod est creatum *in eo quod est* ⟨*esset album*⟩[e], propter hoc quod non defluxerit *ex voluntate albi*, sicut bona *defluxerunt* a voluntate boni, ut posset dici quod esse eorum est album in quantum sunt a primo albo. Sic igitur manifestum est quod quia Deus qui non est albus *voluit* aliqua *esse alba*, potest quidem hoc solum dici de eis quod *sunt alba*, non autem quod sunt alba in eo quod sunt. Sed quia Deus *qui* est *bonus* voluit omnia *esse bona*, ideo *sunt bona in eo quod sunt*, in quantum scilicet esse eorum habet rationem boni propter hoc quod est a bono.

Deinde cum dicit: *Secundum hanc igitur rationem est* etc., ponit secundam obiectionem. Posset enim aliquis dicere: omnia sunt bona in eo quod sunt, quia ille qui est bonus voluit ea esse bona; pari ratione omnia *oportet esse iusta*, quia ille qui est *iustus voluit ea esse*. Sed

---

[a] voluntate] bonitate δ γ [b] his] in *praem.* V^1 γ [c] eis *coni. cum* Bu^1 P^1] *om.* C^1 ei *cet.* [d] ex quo] eius quod α(-V^1) β esse quod V^1 Et [e] esset album *coni. cum* V^1 V^5] *om.* φ(–V^1) β(–V^5) γ

---

79 Zur *ratio boni* im Zusammenhang der Schöpfungsrealität vgl. *De veritate* q. 21 a. 5 co.: »Unde et bonum quod habet rationem finis non potest dici de creatura, nisi praesupposito ordine creatoris ad creaturam. Dato igitur quod creatura esset ipsum suum esse, sicut et Deus, adhuc tamen esse creaturae non haberet rationem boni, nisi praesupposito ordine ad creatorem; et pro tanto adhuc diceretur bona per participationem, et non absolute in eo quod est. Sed esse divinum, quod habet rationem boni non praesupposito aliquo alio, habet rationem boni per seipsum; et haec videtur esse intentio Boetii in Lib. de Hebd.«

3. Auslegung des ersten Einwands gegen das Schlussfazit und seine Entkräftung

Zuerst bringt er einen solchen Einwand: Es wurde gesagt, dass alle Dinge in dem, was sie sind, gut sind, weil es vom Willen des ersten Guten ausging, dass sie gut sind. Sind nun also etwa alle *weißen Dinge weiß in dem, was sie sind*, da es [doch] *aus Gottes Willen* hervorging, *dass sie weiß sind*? Doch hierauf gibt er seinerseits die Antwort, dass dies *keineswegs* zwingend ist, da für jene Dinge, die *weiß* sind, etwas *anderes das Sein* schlechthin ist, das ihnen gemäß der Wesensprinzipien zukommt, und etwas *anderes* dasjenige, wodurch sie weiß sind. Der Grund für eine derartige Unterscheidung zwischen ›weiß‹ und ›gut‹ liegt darin, dass Gott, der Geschaffenes sowohl weiß als auch gut gemacht hat, *zwar gut* ist, nicht jedoch *weiß*. So ergibt sich *also* in Bezug auf den *Willen* des ersten Guten folgerichtig, dass die geschaffenen Dinge *gut sind*, insofern er wollte, dass sie gut sind, und dass sie *in dem, was sie sind, gut sind*, insofern sie vom Guten hervorgebracht sind, weil das Sein der geschaffenen Dinge aus demselben Grund, dass es vom Guten ist, den Sinngehalt des Guten zu eigen hat, wie gesagt wurde.[79] Dem *Willen* Gottes folgt indes *keine solche Eigentümlichkeit*, dass das, was geschaffen ist, *weiß wäre in dem, was es ist*, [und zwar] deswegen, weil es [d. h. das Geschaffene] nicht aus *dem Willen eines Weißen* entflossen ist, wie die guten Dinge vom Willen des Guten *entflossen sind*, so dass man etwa sagen könnte, dass ihr Sein weiß ist, insofern sie von einem ersten Weißen sind. Demgemäß ist also offenkundig: Einzig deshalb nämlich, weil Gott, der nicht weiß ist, *wollte*, dass gewisse Dinge *weiß sind*, kann man von ihnen sagen, dass sie *weiß sind*, allerdings nicht, dass sie weiß sind *in dem, was* sie sind. Weil jedoch Gott, *der gut* ist, wollte, dass alle Dinge *gut sind*, daher *sind sie gut in dem, was sie sind*, insofern trägt ihr Sein nämlich den Sinngehalt des Guten deswegen, weil es vom Guten ist.

4. Auslegung des zweiten Einwands gegen das Schlussfazit und seine Entkräftung

Indem er anschließend sagt: *Muss nun entsprechend dieser Begründung* usw., stellt er den zweiten Einwand vor. Es könnte nämlich jemand sagen: Alle Dinge sind gut in dem, was sie sind, weil jener, der gut ist, wollte, dass sie gut sind. Mit der gleichen Begründung *müssen* alle

ipse respondet quod *hoc* non sequitur duplici ratione. Primo *quidem* quia hoc quod est *bonum* significat naturam quandam sive *essentiam*[a]. Dictum est enim quod Deus est ipsa essentia bonitatis, et unaquaeque res secundum perfectionem propriae naturae dicitur bona, sed iustum dicitur per respectum ad *actum* sicut et quaelibet virtus. *In* Deo autem *idem est esse quod agere*, unde in ipso *idem* est *bonum esse quod iustum* esse; sed *nobis non est idem esse quod agere* quia deficimus a simplicitate Dei, unde *nobis non est idem esse* bonos et iustos, *sed esse* convenit *nobis omnibus* in quantum *sumus*, et ideo etiam bonitas omnibus nobis convenit; sed actus quem respicit iustitia non convenit omnibus, nec in his quibus convenit est idem quod esse ipsorum; unde relinquitur quod *non* omnia sunt *iusta* in eo quod sunt.

Secundam rationem ponit ibi: *Amplius bonum quidem* etc. Bonum enim *est* quiddam *generale* cuius quaedam species est iustitia sicut et ceterae virtutes. In Deo autem invenitur omnis ratio bonitatis, et ideo non solum est bonus sed iustus. Non autem omnes species bonitatis inveniuntur in omnibus sed diversae in diversis, et ideo non oportet quod species quae est iustitia derivetur ad *omnia* entia sicut derivatur bonitas, unde entium quaedam sunt *iusta*, quaedam vero habent aliam speciem bonitatis, et tamen *omnia* sunt *bona* in quantum derivantur a primo bono.

Et in hoc terminatur expositio huius libri. Benedictus Deus per omnia. Amen.[b]

---

[a] essentiam] bonitatis *add.* V[1] γ   [b] Benedictus … Amen] *om.* Lo[7] Sa[6] V[5] Wr[40] L[17]

---

[80] Zum diesbezüglichen Einwand und seiner zweifachen Erwiderung vgl. *De veritate* q. 21 a. 2 arg. 8 und die darauf folgende Replik ad 8.
[81] Zur Identität von Sein und Handeln in Gott vgl. *S. theol.* I, q. 54 a. 1. co.; *Comp. theol.* I, 109.
[82] Vgl. dazu die Begründungsfigur in *S. theol.* I, q. 5 a. 3.

gerecht sein, weil jener, der *gerecht* ist, *wollte, dass sie sind.*[80] Doch die Antwort seinerseits lautet, dass *dies* aus einem zweifachen Grund nicht folgerichtig ist. Und zwar erstens, weil das, was *gut* ist, eine bestimmte Natur oder das *Wesen* bezeichnet. Es wurde nämlich bereits gesagt, dass Gott das Wesen der Gutheit selbst ist und jedwedes Ding entsprechend der Vollkommenheit seiner eigenen Natur ›gut‹ heißt, ›gerecht‹ hingegen sagt man in Bezug auf eine *Handlung*, wie das auch für jede andere Tugend gilt. *In* Gott *jedoch ist Sein dasselbe wie Handeln,*[81] weswegen in ihm selbst *gut sein dasselbe* ist *wie gerecht sein. Für uns* jedoch *ist Sein nicht dasselbe wie Handeln*, weil es uns an der Einfachheit Gottes mangelt, weswegen *es für uns nicht dasselbe ist*, gut und gerecht *zu sein*, aber *Sein* kommt *uns allen* zu, insofern wir sind, und deshalb kommt uns allen auch Gutheit zu. Aber das Handeln, welches die Gerechtigkeit berücksichtigt, kommt nicht allen zu. Nicht einmal bei jenen, denen es zukommt, ist es dasselbe wie ihr eigenes Sein. Weshalb übrig bleibt, dass *nicht* alle gerecht sind, in dem, was sie sind.

Die zweite Begründung bringt er vor, wo es heißt: *Weiterhin ist ›gut‹ ja* usw. Gutes *ist* nämlich *zur Gattung gehörig*, wovon eine bestimmte Art die Gerechtigkeit ist, wie auch die übrigen Tugenden. In Gott findet sich nun der Grund alles Guten und deshalb ist er nicht nur gut, sondern auch gerecht. Es sind jedoch nicht alle Arten von Gutheit in allen Dingen vorzufinden, sondern verschiedene [Arten von Gutheit] in verschiedenen [Dingen]. Von daher ist es nicht zwingend, dass eine Art, wie es die Gerechtigkeit ist, auf *alle* Seienden abzuleiten wäre, so wie die Gutheit [auf alle Seienden] abgeleitet wird. Weshalb einige Seiende *gerecht* sind, einige hingegen eine andere Art von Gutheit haben und trotzdem *alle gut* sind, insofern sie vom ersten Gut abgeleitet werden.[82]

Und damit wird die Auslegung dieses Buches beendet. Gott sei durch alles gepriesen. Amen.

Anhang
Abkürzungsverzeichnis

Lateinische Abkürzungen

a.	articulus
add.	addidit, addit, addunt etc.
arg.	argumentum
c.	capitulum
co.	corpus articuli
cet.	ceteri
con.	coniecimus
d.	distinctio
ed. / edd.	edidit, editio, editor, editiones, editores
hom.	homoioteleuton
hom. om.	omissio homoioteleuto
inv.	invertit, invertunt
lib.	liber
l.	lectio
m.	metrum
n.	numerus
n.v.	non vidi
om.	omittit, omisit, omittunt
p	[vor einem Sigel] pristinam formam textus
praem.	praemittit, praemisit
q.	quaestio
qc.	quaestiuncula
s	[vor einem Sigel] secundum statum seu manum alteram
secl.	seclusit
tract.	Tractatus

Abkürzungen von Werken und Editionen

Cod. Theod.	*Codex Theodosianus*
Comp. theol.	*Compendium theologiae*

De Cons. Philos.	*De Consolatione Philosophiae*
De top. diff.	*De topicis differentiis*
De Trin.	*De sancta Trinitate (= tract. I: Quomodo Trinitas unus Deus ac non tres dii)*
Eth. Nic.	*Ethica Nicomachea*
Expos. De ebd.	*Expositio libri Boetii De ebdomadibus*
Expos. Post. An.	*Expositio libri Posteriorum Analyticorum*
In [I-IV] *Sent.*	*Scriptum super Sententiis, libri* [I-IV]
In De Trin.	*Super Boetium De Trinitate*
LXX	*Septuaginta*
PL	*Patrologia Latina*
Plat. Theol.	*Theologia Platonica*
S. c. gent.	*Summa contra gentiles*
S. theol.	*Summa theologiae*
Sent. lib. Ethic.	*Sententia libri Ethicorum*
Sent. lib. Metaph.	*Sententia libri Metaphysicae*

Bibliographie

Quellen

Alain v. Lille ⟨Alanus ab Insulis⟩

Regulae caelestis iuris, ed. Nikolaus M. Häring, in: *Archives d'Histoire Doctrinale et Littéraire du Moyen Age* 56 (1981), S. 121–226.

Albertus Magnus

Commentarii in I Sententiarum (d. I–XXV), ed. Auguste Borgnet (Opera Omnia 25), Paris 1893.

De Bono, edd. Henricus Kühle u. a. (Alberti Magni Opera Omnia (Ed. Colon.), Bd. 28), Münster 1951.

Aristoteles

Opera. Accedunt fragmenta, scholia, index Aristotelicus, Editio altera, edd. Immanuel Bekker / Olof Gigon / Hermann Usener, Berlin 1960 (Nachdr. der 1. Aufl. 1831).

Erste Analytik. Zweite Analytik (Organon 3/4), griechisch-deutsch, ed. Hans Günter Zekl (Philosophische Bibliothek 494/495), Hamburg 1998.

Metaphysik. Bd. 1: Bücher I(A) – VI(E), Bd. 2: Bücher VII(Z) – XIV(N), griechisch-deutsch, 3., verb. Aufl., edd. Hermann Bonitz / Horst Seidl (Philosophische Bibliothek 307/308), Hamburg 1989/1991.

Die Nikomachische Ethik, griechisch-deutsch, edd. Rainer Nickel / Olof Gigon (Sammlung Tusculum), Düsseldorf u. a. 2007.

Rhetorik. De arte rhetorica, ed. Franz G. Sieveke (UTB 159), 5. Aufl., München 1995.

Topik, neuntes Buch oder Über die sophistischen Widerlegungsschlüsse, griechisch-deutsch (Organon 1), ed. Hans Günter Zekl (Philosophische Bibliothek 492), Hamburg 1997, S. 450–589.

Augustinus

Confessionum libri tredecim, ed. Martin Skutella / edd. corr. cur. Heiko Jürgens (Bibliotheca scriptorum Graecorum et Romanorum Teubneriana), Stuttgart 1996.

Contra academicos, ed. William M. Green (Aurelii Augustini Opera II, 2 = Corpus Christianorum. *Series Latina* 29), Turnhout 1970.

De doctrina christiana, ed. Joseph Martin (Aurelii Augustini Opera IV, 1 = Corpus Christianorum. *Series Latina* 32), Turnhout 1962.

De libero arbitrio – Der freie Wille, ed. Johannes Brachtendorf (Augustinus Opera/Werke 9), Paderborn u. a. 2006.
De vera religione – Die wahre Religion, ed. Josef Lössl (Augustinus Opera/Werke 68), Paderborn u. a. 2007.
Enarrationes in psalmos 101–150. Pars 3: Enarrationes in Psalmos 119–133, ed. Franco Gori (Corpus scriptorum ecclesiasticorum latinorum 95, 4), Wien 2002.
Soliloquia. Selbstgespräche, ed. Harald Fuchs (Sammlung Tusculum), 3. Aufl., Düsseldorf / Zürich 2002, S. 6–153.
AVICENNA
Liber de philosophia prima sive scientia divina (= Metaphysica) I – IV, edd. Simone Van Riet / Gérard Verbeke (Avicenna Latinus 3), Louvain u. a. 1977.
BOETHIUS ⟨ANICIUS MANLIUS SEVERINUS⟩
De differentiis topicis, ed. Jacques-P. Migne (Opera omnia 2 = Patrologia Latina 64), Paris 1891, coll. 1173B–1216D.
In librum Aristotelis Peri hermeneias commentarii (editio secunda), ed. Karl Meiser, Leipzig 1880.
CASSIODOR ⟨FLAVIUS MAGNUS AURELIUS⟩
Cassiodori senatoris variae. Epistulae Theodericianae variae, ed. Theodor Mommsen (Monumenta Germaniae historica 1/1; 12), Ed. nova lucis ope expressa, Berlin 1961 (Nachdr. d. Ausg. 1894).
CICERO ⟨MARCUS TULLIUS⟩
De finibus bonorum et malorum, ed. Theodor Schiche (M. Tvlli Ciceronis scripta qvae manservnt omnia 43 = Bibliotheca scriptorum Graecorum et Romanorum Teubneriana), Ed. stereotypa ed. prioris (1915), Stuttgart 1969.
De natura deorum. Vom Wesen der Götter. 3 Bücher, ed. Wolfgang Gerlach (Sammlung Tusculum), 2. überarb. Aufl., Darmstadt 1987.
Topik. Topica, ed. Hans Günter Zekl (Philosophische Bibliothek 356), Hamburg 1983.
CLAREMBALD V. ARRAS ⟨CLAREMBALDUS ATREBATENSIS⟩
Life and works of Clarembald of Arras. A twelfth century master of the School of Chartres, ed. Nikolaus M. Häring (Pontifical Institute of Mediaeval Studies: Studies and texts 10), Toronto 1965.
DANTE ⟨ALIGHIERI⟩
Die Göttliche Komödie. Divina commedia, italienisch und deutsch, ed. Hermann Gmelin, München 1988 (Nachdr. d. Ausg. Stuttgart 1949–1957).
EUKLIDES
Elementa. Libri I-IV cum appendicibus (Opera omnia 1), 2. Aufl., edd. Johan L. Heiberg / Heinrich Menge (Bibliotheca scriptorum Graecorum et Romanorum Teubneriana), Leipzig 1969.
GILBERT V. POITIERS ⟨GILBERTUS PORRETANUS⟩
The commentaries on Boethius by Gilbert of Poitiers, ed. Nikolaus M. Häring (Pontifical Institute of Mediaeval Studies: Studies and texts 13), Toronto 1966.
JOHANNES SCOTTUS ERIUGENA / REMIGIUS V. AUXERRE
Der Kommentar des Johannes Scottus zu den Opsucula sacra des Boethius. 2. Der

Kommentar des Remigius von Auxerre zu den Opuscula sacra des Boethius, ed. Edward K. Rand (Quellen und Untersuchungen zur lateinischen Philologie des Mittelalters 1,2), München 1906.

NIKOLAUS VON AMIENS ⟨NICOLAUS AMBIANENSIS⟩

Ars fidei catholicae, ed. Mechthild Dreyer, in: Dies., *Nikolaus von Amiens ›Ars fidei catholicae‹. Ein Beispielwerk axiomatischer Methode* (Beiträge zur Geschichte der Philosophie und Theologie des Mittelalters N.F. 37), Münster 1993, S. 67–106.

PORPHYRIUS

Porphyrii sententiae ad intelligibilia ducentes, ed. Erich Lamberz (Bibliotheca scriptorum Graecorum et Romanorum Teubneriana), Leipzig 1975.

PROCLUS ⟨DIADOCHUS⟩

Théologie platonicienne, 6 vol., edd. Henri D. Saffrey / Leendert G. Westerink (Collection des universités de France), Paris 1968–1997.

THIERRY V. CHARTRES ⟨THEODORICUS CARNOTENSIS⟩

Commentaries on Boethius by Thierry of Chartres and his school, ed. Nikolaus M. Häring (Pontifical Institute of Mediaeval Studies: Studies and texts 20), Toronto 1971.

THOMAS V. AQUIN

Compendium theologiae seu Brevis compilatio theologiae ad fratrem Raynaldum, pars I: *De fide* (Opuscula III), ed. Hyacinthe F. Dondaine (Ed. Leonina, Opera omnia 42), Roma 1979, S. 83–191.

De angelis seu De substantiis separatis ad fratrem Raynaldum de Piperno (Opuscula I), ed. Hyacinthe F. Dondaine (Ed. Leonina, Opera omnia 40), Roma 1969, S. 41–80.

De ente et essentia. Über das Seiende und das Wesen, ed. Wolfgang Kluxen (Herders Bibliothek der Philosophie des Mittelalters 7), Freiburg u. a. 2007.

Expositio libri Posteriorum, ed. René-A. Gauthier (Ed. Leonina, Opera omnia I*, 2), 2. Aufl., Roma / Paris1989.

Expositio super librum Boethii De trinitate I/II. Kommentar zum Trinitätstraktat des Boethius I/II, edd. Peter Hofmann / Hermann Schrödter (Herders Bibliothek der Philosophie des Mittelalters 3/I,II), Freiburg u. a. 2006/2007.

In duodecim libros Metaphysicorum Aristotelis expositio, ed. Raimondo M. Spiazzi, 3. Aufl., Torino / Roma 1977.

In libros Aristotelis De caelo et mundo expositio (Ed. Leonina, Opera omnia 3), Roma 1886, S. 1–257.

In librum Beati Dionysii De divinis nominibus expositio, ed. Ceslas Pera, Torino / Roma 1950.

In quattuor libros sententiarum, ed. Roberto Busa (S. Thomae Aquinatis opera omnia 1), Stuttgart-Bad Cannstatt 1980.

Quaestiones de quolibet, ed. René-A. Gauthier (Ed. Leonina, Opera omnia 25, 1/2), Roma / Paris 1996.

Quaestiones disputatae De anima, ed. Bernardo-C. Bazán (Ed. Leonina, Opera omnia 24,1), Roma / Paris 1996.

Quaestiones disputatae de potentia (Quaestiones disputatae 2), 10. Aufl., ed. Paolo M. Pession, Torino / Roma 1965, S. 1–276.

Quaestiones disputatae De veritate, ed. Antoine Dondaine (Ed. Leonina, Opera omnia 12, 1–3), Roma 1972–1976.

Scriptum super Sententiis magistri Petri Lombardi, I–IV d. 22, edd. Pierre Mandonnet (I/II) / Maria F. Moos (III/IV), Paris 1929–1947.

Sententia libri Ethicorum, ed. René-A. Gauthier (Ed. Leonina, Opera omnia 47, 1/2), Roma 1969.

Summa contra gentiles (Ed. Leonina, Opera omnia 13–15), Roma 1918–1930.

Summa theologiae (Ed. Leonina, Opera omnia 4–12), Roma 1888–1906.

Super Boetium De Trinitate, ed. Pierre-M. J. Gils (Ed. Leonina, Opera omnia 50), Roma / Paris 1992, S. 75–171.

Super Epistolam ad Colossenses lectura, ed. Raffaele Cai (Super Epistolas S. Pauli lectura 2), 8. Aufl., Torino / Roma 1953, S. 125–161.

Sekundärliteratur

Jan A. Aertsen, *Medieval philosophy and the transcendentals. The case of Thomas Aquinas* (Studien und Texte zur Geistesgeschichte des Mittelalters 52), Leiden u.a. 1996.

Jan A. Aertsen, »Mittelalterliche Philosophie: ein unmögliches Projekt? Zur Wende des Philosophieverständnisses im 13. Jahrhundert«, in: Ders. / Andreas Speer (Hg.), *Geistesleben im 13. Jahrhundert* (Miscellanea Mediaevalia 27), Berlin u.a. 2000, S. 12–28.

Louise M. Antoniotti, »Boèce et saint Thomas d'Aquin. Le miroir ou le mirador de l'éternité: *in speculo vel in specula*?«, in: *Tommaso d'Aquino nella storia del pensiero, 1: Le fonti del pensiero di S. Tommaso* (Tommaso d'Aquino nel suo settimo centenario 1. Atti del Congresso Internazionale, Roma-Napoli, 17–24 aprile 1974), Napoli 1975, S. 361–368.

Matthias Baltes, »Boethius. Staatsmann und Philosoph«, in: Michael Erler / Andreas Graeser (Hg.), *Philosophen des Altertums. Vom Hellenismus bis zur Spätantike*, Darmstadt 2000, S. 208–224.

Werner Beierwaltes, »Das Eine als Norm des Lebens«, in: Theo Kobusch / Michael Erler (Hg.), *Metaphysik und Religion. Zur Signatur des Spätantiken Denkens* (Beiträge zur Altertumskunde 160), München / Leipzig 2002, S. 121–151.

Werner Beierwaltes, »Trost im Begriff. Zu Boethius' Hymnus »O qui perpetua mundum ratione gubernas««, in: Ders. (Hg.), *Denken des Einen. Studien zu neuplatonischen Philosophie und ihrer Wirkungsgeschichte*. Frankfurt 1985, S. 319–336 (= Horst Bürkle / Gerhold Becker (Hg.), *Communicatio fidei* /FS E. Biser, Regensburg 1983, S. 241–251).

Rainer Berndt / Matthias Lutz-Bachmann (Hg.), *»Scientia« und »Disciplina«. Wissenstheorie und Wissenschaftspraxis im 12. und 13. Jahrhundert* (Erudiri Sapientia 3), Berlin 2002.

Dominique Bertrand, »Sur le fondement de la différence dans le ›De trinitate‹. Thomas d'Aquin interprète de Boèce«, in: Alain Gallonier (Hg.), *Boèce ou la chaîne des savoirs* (Philosophes médiévaux 44), Louvain 2003, S. 679–696.

Peter Boschung, »Boethius and the early medieval Quaestio«, in: *Recherches de Théologie et Philosophie Médiévales* 71 (2004), 2, S. 233–259.

Stephen L. Brock, »Harmonizing Plato and Aristotle on *Esse*. Thomas Aquinas and the *De hebdomadibus*«, in: *Nova et Vetera*, Engl. Ed. 5 (2007), 3, S. 465–494.

Hermann J. Brosch, *Der Seinsbegriff bei Boethius. Mit besonderer Berücksichtigung der Beziehung von Sosein und Dasein* (Philosophie und Grenzwissenschaften IV,1), Innsbruck 1931, S. 1–120.

Konrad Bruder, *Die philosophischen Elemente in den Opuscula Sacra des Boethius. Ein Beitrag zur Quellengeschichte der Philosophie der Scholastik* (Forschungen zur Geschichte der Philosophie und der Pädagogik 3,2), Leipzig 1928, S. 73–75.

Maëul J. Cappuyns, »Boèce«, in: *Dictionnaire d'Histoire et de Géographie Ecclésiastique*, Bd. 9, Paris 1937, S. 348–380.

Maëul J. Cappuyns, »Le plus ancien commentaire des ›Opuscula sacra‹ et son origine«, in: *Recherches de Théologie ancienne et médiévale* 3 (1931), S. 237–272.

Gerard Casey, »An explication of the ›De hebdomadibus‹ of Boethius in the light of St. Thomas Commentary«, in: *The Thomist* 51 (1987), 3, S. 419–434.

Henry Chadwick, *Boethius. The consolations of Music, Logic, Theology, and Philosophy*, Oxford 1981 (repr. 2003).

Henry Chadwick, »The authenticity of Boethius' fourth tractate ›De fide catholica‹«, in: *Journal of Theological Studies* n.s. 31 (1980), S. 551–556.

Marie-D. Chenu, *La théologie au douzième siècle* (Études de Philosophie médiévale 45), 3. Aufl., Paris 1976 ([1]1959).

Marie-D. Chenu, *Das Werk des hl. Thomas von Aquin* (Die deutsche Thomas-Ausgabe: Erg.-Bd., 2), 2. Aufl., Graz u.a. 1982 (franz. Ed. [1]1950).

M. Verda Clare, »›Whether everything that is, is good‹. Marginal notes on St. Thomas' exposition of Boethius' ›De Hebdomadibus‹«, in: *Laval théologique et philosophique* 3 (1947), 1, S. 66–76 (I); 3 (1947), 2, S. 177–194 (II); 5 (1949), 1, S. 119–140.

William Norris Clarke, »The Meaning of Participation in St. Thomas«, in: Ders. (Hg.), *Explorations in Metaphysics. Being – God – Person*, Notre Dame / London 1994, S. 89–101.

James D. Collins, »Progress and Problems in the Reassessment of Boethius«, in: *The Modern Schoolman* 23 (1945), 1, S. 16–19.

Kevin Corrigan, »A New Source for the Distinction between *id quod est* and *esse* in Boethius' *De Hebdomadibus*«, in: Elizabeth A. Livingstone (Hg.), *Studia Patristica* 28, 4 – *Augustine, Post Nicene Latin Fathers, Orientalia, Nachleben of the Fathers* (Papers of the 1983 Oxford Patristics Conference), Kalamazoo / Leuven 1990, S. 133–138.

Ingrid Craemer-Ruegenberg, *Die Substanzmetaphysik des Boethius in den opuscula sacra*, (Diss.) Köln 1969.

Giulio d'Onofrio, »Giovanni Scoto e Remigio di Auxerre. A proposito di alcuni

commenti altomedievali a Boezio«, in: *Studi Medievali* III 22 (1981), 2, S. 587–693.

Giulio d'Onofrio, »Agli inizi della diffusione della ›Consolatio‹ e degli ›Opuscula sacra‹ nella scuola tardo-carolingia. Giovanni Scoto e Remigio di Auxerre«, in: Luca Obertello (Hg.), *Atti*, Roma 1981, S. 343–354

Giulio d'Onofrio, »Dialectic and Theology in Boethius' ›Opuscula Sacra‹ and their Early Medieval Readers«, in: *Studi Medievali* III 27 (1986), 1, S. 45–67.

Umberto Degl'Innocenti, »Nota al ›De hebdomadibus‹ di Boezio«, in: *Divus Thomas*, Ser. III, 42 (1939), S. 397–399.

Mechthild Dreyer, »Regularmethode und Axiomatik: Wissenschaftliche Methodik im Horizont der artes-Tradition des 12. Jahrhunderts«, in: Ingrid Craemer-Ruegenberg / Andreas Speer (Hg.), *Scientia und ars im Hoch- und Spätmittelalter* (Miscellanea Mediaevalia 22/1), Berlin / N.Y. 1994, S. 145–157.

Mechthild Dreyer, *More mathematicorum. Rezeption und Transformation der antiken Gestalten wissenschaftlichen Wissens im 12. Jahrhundert* (Beiträge zur Geschichte der Philosophie und Theologie des Mittelalters N.F. 47), Münster 1996.

Mechthild Dreyer, »Quaestio«, in: *Lexikon für Theologie und Kirche*, Bd. 8, 3. Aufl., Freiburg 1999, Sp. 753–754.

Pierre M. Duhem, *Le système du monde. Histoire des doctrines cosmologiques de Platon à Copernic*, Bd. 5, Paris 1954 (¹1925).

Willehad Paul Eckert (Hg.), *Thomas von Aquino. Das Leben des heiligen Thomas von Aquin erzählt von Wilhelm Tocco und andere Zeugnisse zu seinem Leben* (Heilige der ungeteilten Christenheit), Düsseldorf 1965.

Leo J. Elders, *Die Metaphysik des Thomas von Aquin in historischer Perspektive. I. Teil: Das ens commune* (Salzburger Studien zur Philosophie 16), Salzburg / München 1985 (¹1981).

Hartmut Erbse / Detlev Fehling, »Scholien«, in: *Lexikon der Alten Welt*, Zürich 1965, S. 2723–2726.

Christoph Erismann, »Originalité et latinité de la philosophie de Boèce. Note bibliographique«, in: *Freiburger Zeitschrift für Philosophie und Theologie* 51 (2004), S. 277–289.

Gillian R. Evans, »More Geometrico. The Place of the Axiomatic Method in the Twelfth Century Commentaries on Boethius' ›Opuscula Sacra‹«, in: *Archives Internationales d'Histoire des Sciences* 27 (1977), S. 207–221.

Gillian R. Evans, »›Communis animi conceptio‹. The Self-evident Statement«, in: *Archivum Latinitatis Medii Aevi* 41 (1977/78), S. 123–126.

Cornelio Fabro, *La nozione metafisica di partecipazione secondo S. Tommaso d'Aquino* (Opere complete 3), Milano 2005 (¹1939).

Cornelio Fabro, *Partecipazione e causalità secondo S. Tommaso d'Aquino* (Studi superiori), Torino 1960.

Cornelio Fabro, »The Intensive Hermeneutics of Thomistic Philosophy. The Notion of Participation / transl. B. M. Bonansea«, in: *The Review of Metaphysics* 27 (1973), 1, 449–491.

Cornelio Fabro, »Partecipazione agostiniana e partecipazione tomistica«, in: *Doctor Communis* 39 (1986), S. 282–291.

Kurt Flasch, *Das philosophische Denken im Mittelalter. Von Augustin zu Machiavelli* (Universal-Bibliothek 8342), Stuttgart 1986.

Therese Fuhrer, »Scholion«, in: *Lexikon der antiken christlichen Literatur*, 3. vollst. neu bearb. u. erw. Aufl., Freiburg u. a. 2002, S. 623.

Manfred Fuhrmann / Joachim Gruber (Hg.), *Boethius* (Wege der Forschung 483), Darmstadt 1984.

Alain Galonnier (Hg.) *Boèce ou la chaîne des savoirs.* Actes du Colloque International de la Fondation Singer-Polignac, Paris, 8–12 juin 1999 (Philosophes médiévaux 44), Louvain-la-Neuve u. a. 2003.

Alain Galonnier, *Anecdoton Holderi ou Ordo generis Cassiodororum. Éléments pour une étude de l'authenticité Boécienne des Opuscula sacra* (Philosophes médiévaux 35), Louvain-La-Neuve 1997.

Alain Galonnier, »›Axiomatique‹ et théologie dans le *De hebdomadibus* de Boèce«, in: Alain de Libera u. a. (Hg.), *Langages et philosophie.* Hommage à Jean Jolivet, Paris 1997, S. 311–330.

Wilhelm Geerlings / Christian Schulze (Hg.), *Der Kommentar in Antike und Mittelalter. Beiträge zu seiner Erforschung*, Bd. 1 (Clavis Commentariorum Antiquitatis et Medii Aevi 2), Leiden u. a. 2002.

Louis-Bertrand Geiger, *La participation dans la philosophie de S. Thomas d'Aquin*, 2. éd. (Bibliothèque thomiste 23), Paris 1953 ([1]1942).

Stephen Gersh, *Middle Platonism and Neoplatonism. The Latin Tradition*, Vol. 2 (Publications in medieval studies 23/2), Notre Dame 1986.

Margaret Gibson, *Boethius. His life, thought and influence*, Oxford 1981.

Margaret Gibson, »The ›Opuscula Sacra‹ in the Middle Ages«, in: Dies. (Hg.), *Boethius. His life, thought and influence*, Oxford 1981, S. 214–234.

Étienne Gilson, *Le Thomisme. Introduction à la philosophie de Saint Thomas d'Aquin* (Études de philosophie médiévale 1), 6. éd., Paris 1965 ([1]1919).

Reinhold F. Glei »Boethius«, in: *Lexikon der antiken christlichen Literatur.* 3., vollst. neu bearb. u. erw. Auflage, Freiburg i. Br. u. a. 2002, S. 127–129.

Wouter Goris, »Die Anfänge der Auseinandersetzung um das Ersterkannte im 13. Jahrhundert. Guibert von Tournai, Bonaventura und Thomas von Aquin«, in: *Documenti e studi sulla tradizione filosofica medievale* 10 (1999), S. 355–369.

Martin Grabmann, *Die Geschichte der scholastischen Methode.* Bd. 1: Die scholastische Methode von ihren ersten Anfängen in der Väterliteratur bis zum Beginn des 12. Jahrhundert. Bd. 2: Die scholastische Methode im 12. und beginnenden 13. Jahrhundert, Freiburg i. Br. 1909 (Bd. 1); 1911 (Bd. 2) – (unveränd. Nachdr. 1988).

Martin Grabmann, *Die Werke des hl. Thomas von Aquin. Eine literarhistorische Untersuchung und Einführung* (Beiträge zur Geschichte der Philosophie des Mittelalters 22,1/2), 3., stark erw. Aufl., Münster i. Westf. 1949 ([1]1920).

Joachim Gruber, *Kommentar zu Boethius, De consolatione philosophiae* (Texte und Kommentare 9), 2., erw. Aufl., Berlin / New York 2006.

Pierre Hadot, »La distinction de l'être et de l'étant dans le ›De Hebdomadibus‹ de

Boèce«, in: Paul Wilpert (Hg.), *Die Metaphysik des Mittelalters* (Miscellanea Mediaevalia, Bd. 2.), Berlin 1963, S. 147–153.

Pierre Hadot, »Forma essendi. Interprétation philologique et interprétation philosophique d'une formule de Boèce«, in: *Les Études Classique* 38 (1970), S. 143–156.

Pierre Hadot, »La préhistoire des genres littéraires philosophiques médiévaux dans l'Antiquité«, in: Robert Bultot (Hg.), *Les genres littéraires dans les sources théologiques et philosophiques médiévales. Définition, critique et exploitation.* Actes du colloque international de Louvain-la-Neuve (25–27 mai 1981) (Publications de l'Institut d'Études Médiévales. Ser. 2. Textes, études, congrès 5) Louvain-la-Neuve 1982, S. 1–9.

Otfried Höffe, *Aristoteles* (Denker), 3. überarb. Aufl., München 2006 ([1]1996).

Hildebrecht Hommel / Konrat Ziegler, »Rhetorik«, in: *Der Kleine Pauly.* Lexikon der Antike, Bd. 4, München 1979, S. 1396–1413.

Ludger Honnefelder, »Der zweite Anfang der Metaphysik. Voraussetzungen, Ansätze und Folgen der Wiederbegründung der Metaphysik im 13./14. Jahrhundert«, in: Jan P. Beckmann u. a. (Hg.), *Philosophie im Mittelalter. Entwicklungslinien und Paradigmen*, Hamburg 1987, S. 165–186.

Alfred Kappelmacher, »Der schriftstellerische Plan des Boethius«, in: *Wiener Studien* 46 (1928), S. 215–225 (= Manfred Fuhrmann / Joachim Gruber (Hg.), *Boethius*, Darmstadt 1984, S. 71–81).

Stephan Ch. Kessler, »Johannes I. von Rom«, in: *Lexikon der antiken christlichen Literatur*, 3., vollst. neu bearb. u. erw. Aufl., Freiburg i. Br. u. a. 2002, S. 398.

Agnieszka Kijewska, »Mathematics as a preparation for theology. Boethius, Eriugena, Thierry of Chartres«, in: Alain Gallonier (Hg.), *Boèce ou la chaîne des savoirs* (Philosophes médiévaux 44), Louvain 2003, S. 625–647.

Theo Kobusch / Michael Erler (Hg.) *Metaphysik und Religion. Zur Signatur des spätantiken Denkens.* Akten des Internationalen Kongresses vom 13.–17. März 2001 in Würzburg (Beiträge zur Altertumskunde 160), München / Leipzig 2002.

Klaus Kremer, »›Bonum est diffusivum sui‹. Ein Beitrag zum Verhältnis von Neuplatonismus und Christentum«, in: Wolfgang Haase (Hg.), *Aufstieg und Niedergang der römischen Welt*, Teil II: Principat, Bd. 36, 2. Teilbd., Berlin / New York 1987, S. 994–1032.

Raphael Kühner / Carl Stegmann, *Ausführliche Grammatik der lateinischen Sprache, II: Satzlehre*, 3. Auflage, Hannover 1955.

Peter Kunzmann, »Boethius und das Dilemma christlicher Philosophie«, in: Gerhard Leibold / Winfried Löffler (Hg.), *Entwicklungslinien mittelalterlicher Philosophie*, Teil 2 (Schriftenreihe der Österreichischen Gesellschaft für Philosophie 3), Wien 1999, S. 36–49.

Michel Lambert, »La chronologie du *Super Boethium De Trinitate* et du *In librum Boethii De Hebdomadibus* de Thomas d'Aquin. Apport de l'analyse quantitative«, in: André Motte / Joseph Denooz (Hg.), *Aristotelica secunda. Mélanges offerts à Christian Rutten*, Liège 1996, S. 333–344.

Michel Lambert, »Nouveaux éléments pour une étude de l'authenticité boécienne

des *Opuscula sacra*«, in: Alain Galonnier (Hg.), *Boèce ou la chaîne des savoirs* (Philosophes médiévaux 44), Louvain u. a. 2003, S. 171–191.

Thomas Leinkauf, »Die Bestimmung des höchsten Prinzips als reines Sein – (Porphyrios), Victorinus, Boethius«, in: Theo Kobusch / Michael Erler (Hg.), *Metaphysik und Religion* (Beiträge zur Altertumskunde 160), München 2002, S. 63–97.

Manu Leumann u. a., *Lateinische Grammatik*, 2. Band: Johann B. Hoffmann, *Lateinische Syntax und Stilistik*, neubearb. von A. Szantyr, (Handbuch der Altertumswissenschaft II, 2, 2), München 1965.

Alain de Libera, *L'art des généralités. Théories de l'abstraction* (Aubier Philosophie), Paris 1999.

Matthias Lutz-Bachmann / Alexander Fidora / Andreas Niederberger (Hg.), *Metaphysics in the Twelfth Century. On the Relationship among Philosophy, Science and Theology* (Textes et Études du Moyen Âge 19), Turnhout 2004.

Matthias Lutz-Bachmann, *Das Verhältnis von Philosophie und Theologie in den ›Opuscula Sacra‹ des A. M. S. Boethius.* Eine Studie zur Entwicklung der nachchalcedonischen Theologie, (Diss.) Münster i. Westf. 1983.

Matthias Lutz-Bachmann, »Die Einteilung der Wissenschaften bei Thomas von Aquin. Ein Beitrag zur Rekonstruktion der Epistemologie in Quaestio 5, Artikel 1 des ›Kommentars‹ von Thomas zum Trinitätstraktat des Boethius«, in: Rainer Berndt u. a. (Hg.), *»Scientia« und »Disciplina«. Wissenstheorie und Wissenschaftspraxis im 12. und 13. Jahrhundert* (Erudiri Sapientia 3), Berlin 2002, S. 235–247.

Scott C. MacDonald, *The Metaphysics of Goodness in Medieval Philosophy Before Aquinas* [Microform], Ann Arbor 1986.

Scott C. MacDonald, »Boethius' Claim That All Substances Are Good«, in: *Archiv für Geschichte der Philosophie* 70 (1988), 3, S. 245–279.

Scott C. MacDonald, »The Metaphysic of Goodness and the Doctrine of the Transcendentals«, in: Ders. (Hg.), *Being and Goodness. The Concept of the Good in Metaphysics and Philosophical Theology*, Ithaca/London 1991, S. 31–55.

Fiorella Magnano, »Essere ed esistenza nel pensiero di Severino Boezio«, in: *Aquinas* 50 (2007), 1, S. 83–105.

John Mair, »The Text of the *Opuscula sacra*«, in: Margaret Gibson (Hg.), *Boethius. His life, thought and influence*, Oxford 1981, S. 206–213.

Pierre F. Mandonnet, »Chronologie sommaire de la vie et des écrits de saint Thomas«, in: *Revue des Sciences philosophiques et théologiques* 9 (1920), S. 142–152.

Pierre F. Mandonnet, »Les ›opuscules‹ de saint Thomas d'Aquin«, in: *Revue Thomiste* 32 (1927), S. 121–157.

Gallus M. Manser, *Das Wesen des Thomismus*, 3. verb. u. erw. Aufl. (Thomistische Studien 5), Freiburg/Schweiz 1949 ([1]1932).

John Marenbon, »Boethius and the problem of paganism«, in: *American catholic philosophical quarterly* 78 (2004), 2, S. 329–348.

John Marenbon, *Boethius* (Great medieval thinkers), Oxford u. a. 2003.

Ralph McInerny, »Boethius and Saint Thomas Aquinas«, in: *Rivista di Filosofia Neo-Scolastica* 66 (1974), S. 219–245.

Ralph McInerny, *Boethius and Aquinas*, Washington 1990.

Ralph McInerny, »Saint Thomas on ›De hebdomadibus‹«, in: Scott C. MacDonald (Hg.), *Being and Goodness. The Concept of the Good in Metaphysics and Philosophical Theology*, Ithaca / London 1991, S. 74–97.

Hans Meyer, *Thomas von Aquin. Sein System und seine geistesgeschichtliche Stellung*, 2. erw. Aufl., Paderborn 1961.

Claudio Micaelli, »Il ›De Hebdomadibus‹ di Boezio nel panorama del pensiero tardo-antico«, in: Alain Galonnier (Hg.), *Boèce ou la chaîne des savoirs* (Philosophes médiévaux 44), Louvain u. a. 2003, S. 33–53.

Battista Mondin, »San Tommaso commentatore di Boezio«, in: *Doctor communis* 48 (1995), 1, S. 44–54.

Peter von Moos, »›Was allen oder den meisten oder Sachkundigen richtig scheint‹. Über das Fortleben des ἔνδοξον im Mittelalter«, in: Burkhard Mojsisch (Hg.), *Historia philosophiae medii aevi.* Studien zur Geschichte der Philosophie des Mittelalters / FS Kurt Flasch, Amsterdam u. a. 1991, S. 711–744.

Peter von Moos, »Die angesehene Meinung. Studien zum endoxon im Mittelalter«, in: *Freiburger Zeitschrift für Philosophie und Theologie* 45 (1998), 3, S. 343–380.

Claudio Moreschini, »Boezio e la tradizione del neoplatonismo latino«, in: Ders. (Hg.), *Varia Boethiana* (Storie e testi 14), Napoli 2003, S. 7–30 (= in: Luca Obertello (Hg.), *Atti*, Roma 1981, S. 297–310).

Claudio Moreschini, »Neoplatonismo e cristianesimo. ›Partecipare a Dio‹ secondo Boezio e Agostino«, in: Ders. (Hg.), *Varia Boethiana* (Storie e testi 14), Napoli 2003, S. 31–46 (= Salvatore Pricoco u. a. (Hg.), *Sicilia e Italia suburbicaria tra IV e VIII secolo.* Atti del convegno di studi (Catania, 24–27 ottobre 1989), Soveria 1991, S. 283–295).

Claudio Moreschini, »Filosofia pagana e teologia cristiana negli ›Opuscula Theologica‹ di Boezio«, in: Ders. (Hg.), *Varia Boethiana* (Storie e testi 14), Napoli 2003, S. 47–76 (= in: Theo Kobusch / Michael Erler (Hg.), *Metaphysik und Religion* (Beiträge zur Altertumskunde 160), München 2002, S. 213–237).

Claudio Moreschini (Hg.), *Varia Boethiana* (Storie e testi 14), Napoli 2003.

Claudio Moreschini / Enrico Norelli (Hg.), *Handbuch der antiken christlichen Literatur*, Gütersloh 2007.

Siobhan Nash-Marshall, *Participation and the Good. A Study in Boethian Metaphysics*, New York 2000.

Andreas Niederberger, »Zwischen ›De hebdomadibus‹ und ›Liber de causis‹. Einige Bemerkungen zu Form und Argumentation der ›Regulae theologiae‹ des Alanus ab Insulis, in: *Convenit Selecta* 5 (2000), S. 47–52 (= *Internetressource* http://www.hottopos.com/convenit5/06.htm).

Norman Kretzmann / Eleonore Stump, »Aquinas«, in: *Routledge Encyclopedia of Philosophy*, Bd. 1, London 1998, S. 326–350.

William Norris Clarke, »The Meaning of Participation in St. Thomas«, in: Ders. (Hg.), *Explorations in Metaphysics. Being – God – Person*, Notre Dame / London 1994, S. 89–101 (= in: *Proceedings of The American Catholic Philosophical Association* 26 (1952), S. 147–157).

Dominic J. O'Meara, *Pythagoras revived. Mathematics and philosophy in late antiquity*, Oxford 1989.

Luca Obertello (Hg.), *Atti*. Congresso Internazionale di Studi Boeziani (Pavia, 5–8 ott. 1980), Roma 1981.

Luca Obertello, *Severino Boezio*. Bd. 1 u. 2, Genova 1974.

Luca Obertello, »L'universo boeziano«, in: Ders. (Hg.), *Atti*, Roma 1981, S. 157–168.

Luca Obertello, *Boezio e dintorni. Ricerche sulla cultura altomedievale* (Biblioteca medievale 2), Firenze 1989.

Ludger Oeing-Hanhoff, *Ens et unum convertuntur. Stellung und Gehalt des Grundsatzes in der Philosophie des hl. Thomas von Aquin* (Beiträge zur Geschichte der Philosophie und Theologie des Mittelalters 37,3), Münster 1953.

Hilarius Kim Chun Oh, *Il concetto di Essere e la dottrina della partecipazione in alcuni opuscoli filosofici e teologici di san Tommaso d'Aquino* (De Trinitate di Boezio, De Ente et essentia, De Hebdomadibus di Boezio, De causis), (Diss.) Roma 1999.

Howard R. Patch, *The tradition of Boethius. A study of his importance in medieval culture*, New York 1935 (²1970).

Sarah Pessin, »Hebdomads: Boethius Meets the Neopythagoreans«, in: *Journal of the History of Philosophy* 37 (1999), S. 29–48.

Josef Pieper, »Kreatürlichkeit«, in: Ludger Oeing-Hanhoff (Hg.), *Thomas von Aquin 1274/1974*, München 1974, S. 47–71 (= Werke in acht Bänden, Bd. 2, Hamburg 2002, S. 441–464).

Josef Pieper, »Über das Gute und das Böse. Vier Vorlesungen (Thomas-Interpretationen)«, in: Ders., *Darstellungen und Interpretationen. Thomas von Aquin und die Scholastik*, hg. von Berthold Wald (Werke in acht Bänden, Bd. 2), Hamburg 2001, S. 1–57.

Joseph Ratzinger, *Der Geist der Liturgie. Eine Einführung*, 3. Aufl., Freiburg i. Br. 2000.

Redaktion, »*Wesen*, I. Antike«, in: *Historisches Wörterbuch der Philosophie*, Bd. 12, Darmstadt 2004, coll. 621–626.

Edmund Reiss, *Boethius* (Twayne's world authors series 672), Boston 1982.

Lambert M. de Rijk, »On the chronology of Boethius' works on logic I / II«, in: *Vivarium* 2 (1964), S. 1–49 / 125–162.

Lambert M. de Rijk, »On Boethius's Notion of Being. A chapter of Boethian Semantics«, in: Norman Kretzmann (Hg.), *Meaning and inference in medieval philosophy*. Studies in memory of Jan Pinborg (Synthese historical library 32), Dordrecht u. a. 1988, S. 1–29.

Lambert M. de Rijk, »Boèce logicien et philosophe. Ses positions sémantiques et sa métaphysique de l'être«, in: Luca Obertello (Hg.), *Atti*, Roma 1981, S. 141–156.

Ferdinand Sassen, »Boethius – Lehrmeister des Mittelalters«, in: Manfred Fuhrmann / Joachim Gruber (Hg.), *Boethius* (Wege der Forschung 483), Darmstadt 1984, S. 82–109 (= in: *Studia Catholica* 14 (1938), S. 91–122).

Rolf Schönberger, *Thomas von Aquin zur Einführung* (Zur Einführung 251), 2. Aufl., Hamburg 2002.

Rolf Schönberger, *Thomas von Aquins »Summa contra gentiles«* (Werkinterpretationen), Darmstadt 2001.

Rolf Schönberger, »Ipsum esse nondum est. Zu einer Neuinterpretation einer neudatierten Thomasschrift«, in: Gerhard Leibold / Winfried Löffler (Hg.), *Entwicklungslinien mittelalterlicher Philosophie*, Teil 2 (Schriftenreihe der Österreichischen Gesellschaft für Philosophie 3), Wien 1999, S. 107–119.

Gangolf Schrimpf, *Die Axiomenschrift des Boethius (De Hebdomadibus) als philosophisches Lehrbuch des Mittelalters* (Studien zur Problemgeschichte der antiken und mittelalterlichen Philosophie 2), Leiden 1966.

Peter Schulthess / Ruedi Imbach, *Die Philosophie im lateinischen Mittelalter. Ein Handbuch mit einem bio-bibliographischen Repertorium*, Zürich 1996.

Viktor Schurr, *Die Trinitätslehre des Boethius im Licht der ›skythischen Kontroversen‹* (Forschungen zur Christlichen Literatur- und Dogmengeschichte 18,1), Paderborn 1935.

Joachim Söder, »Contra Eutychen et Nestorium«, »De fide catholica«, »Quomodo substantiae in eo quod sint bonae sint, cum non sint substantialia bona«, »Quomodo Trinitas unus Deus ac non tres dii«, »Utrum Pater et Filius et Spiritus Sanctus de divinitate substantialiter praedicentur«, in: *Lexikon der theologischen Werke*, Stuttgart 2003, S. 130 f., 164 f., 615 f., 775.

Jean-Luc Solère, »Bien, cercles et hebdomades. Forms et raisonnements chez Boèce et Proclus«, in: Alain Galonnier (Hg.), *Boèce ou la chaîne des savoirs* (Philosophes médiévaux 44), Louvain u. a. 2003, S. 55–110.

Claire Sotinel, »Rom und Italien am Übergang vom Römischen Reich zum Gotenreich«, in: Luce Pietri (Hg.), *Der lateinische Westen und der byzantinische Osten* (431–642) / übers. von Elisabeth Mainberger-Ruh (Die Geschichte des Christentums. Altertum 3), Freiburg i. Br. 2001, S. 300–342.

Andreas Speer (Hg.), *Thomas von Aquin: Die »Summa theologiae«* (Werkinterpretationen), Berlin / New York 2005.

Andreas Speer, »The Hidden Heritage. Boethian Metaphysics and its Medieval Tradition«, in: Pasquale Porro (Hg.), *Metaphysica – sapientia – scientia divina. Soggetto e statuto della filosofia prima nel Medioevo* (Quaestio 5), Turnhout / Bari 2005, S. 163–179.

Andreas Speer, »Weisheit«, in: *Historisches Wörterbuch der Philosophie*, Bd. 12, Zürich 2005, coll. 371–397.

Andreas Speer, »Philosophie als Lebensform? Zum Verhältnis von Philosophie und Weisheit im Mittelalter«, in: *Tijdschrift voor Filosofie* 62 (2000), S. 3–25.

Andreas Speer, »Im Spannungsfeld der Weisheit. Anmerkungen zum Verhältnis von Metaphysik, Religion und Theologie«, in: Theo Kobusch / Michael Erler (Hg.), *Metaphysik und Religion. Zur Signatur des spätantiken Denkens*, München / Leipzig 2002, S. 649–672.

Andreas Speer, »Endliche Weisheit. Eine Annäherung an die Philosophie«, in: *Recherches de Théologie et Philosophie médiévales* 69 (2002), 1, S. 3–32.

Eleonore Stump / Norman Kretzmann, »Being and Goodness«, in: Scott C.

MacDonald (Hg.), *Being and Goodness*, Ithaca / London 1991, S. 98–128 (= in: Brian Davies (Hg.), *Thomas Aquinas: Contemporary Philosophical Perspectives*, New York 2002. S. 295–323).

Thomas A. Szlezák, *Platon Lesen* (legenda 1), Stuttgart-Bad Cannstatt 1993.

Jean-Pierre Torell, *Magister Thomas. Leben und Werk des Thomas von Aquin*, Freiburg i. Br. u. a. 1995.

Emmanuel Trépanier, »Saint Thomas et le ›De Hebdomadibus‹ de Boèce«, in: *Laval théologique et philosophique* 6 (1950), 1, S. 131–144.

Fabio Troncarelli, *Cogitatio mentis. L'eredità di Boezio nell'Alto Medioevo* (Storie e testi N.S. 16), Napoli 2005.

Luca F. Tuninetti, *»Per se notum«. Die logische Beschaffenheit des Selbstverständlichen im Denken des Thomas von Aquin* (Studien und Texte zur Geistesgeschichte des Mittelalters 47), Leiden u. a. 1996.

Hermann Usener, *Anectdoton Holderi. Ein Beitrag zur Geschichte Roms in ostgotischer Zeit* / FS zur Begrüßung der 32. Versammlung dt. Philologen, Leipzig / Bonn 1877 (Ndr. Hildesheim / New York 1969).

Rudi A. te Velde, *Participation and Substantiality in Thomas Aquinas* (Studien und Texte zur Geistesgeschichte des Mittelalters 46), Leiden u. a. 1995.

Rudi A. te Velde, »The Concept of the Good according to Thomas Aquinas«, in: Wouter Goris (Hg.), *Die Metaphysik und das Gute. Ansätze zu ihrem Verhältnis in Antike und Mittelalter* / FS Jan A. Aertsen, Leuven u. a. 1999, S. 79–103.

Stephanie Vesper, »Christliche Emanationslehre und Trinität in den Traktaten ›De Hebdomadibus‹ und ›De Trinitate‹ I und II des Boethius«, in: *Internetressource* http://www.hottopos.com/convenit5/04.htm.

Cornelia J. de Vogel, »Boethius«, in: Martin Greschat (Hg.), *Gestalten der Kirchengeschichte*, Bd. 2; Alte Kirche II, Stuttgart u. a. 1984, S. 251–261 (= Hans F. von Campenhausen (Hg.), *»Nimm und lies«. Christliche Denker von Origenes bis Erasmus von Rotterdam*, Stuttgart u. a. 1991, S. 127–140).

Cornelia J. de Vogel, »Boethiana I/II«, in: *Vivarium* 9/10 (1971/72), S. 49–66/1–40.

Angelus Walz, *S. Tommaso d'Aquino. Studi biografici sul Dottore Angelico* (Edizioni Liturgiche), Roma 1945.

Winfried Weier, *Sinn und Teilhabe*. Das Grundthema der abendländischen Geistesentwicklung (Salzburger Studien zur Philosophie 8), Salzburg 1970.

James A. Weisheipl, *Thomas von Aquin. Sein Leben und seine Theologie*, Graz u. a. 1980. – Engl. Orig.: *Friar Thomas d'Aquino. His Life, Thought, and Work*, New York, 1983 ([1]1974).

John F. Wippel, »Thomas Aquinas and Participation«, in: Ders. (Hg.), *Studies in Medieval Philosophy* (Studies in Philosophy and the History of Philosophy 17), Washington 1987, S. 117–158.

John F. Wippel, *The Metaphysical Thought of Thomas Aquinas. From Finite Being to Uncreated Being* (Monographs of the Society for Medieval and Renaissance Philosophy 1), Washington 2000.

Friedrich Wotke, »Boethius«, in: *Reallexikon für Antike und Christentum*, Bd. 2, Stuttgart 1954, S. 482–488.

Albert Zimmermann, *Thomas lesen* (legenda 2), Stuttgart-Bad Cannstatt 2000.

Register biblischer, antiker und mittelalterlicher Autoren

Boethius und Thomas von Aquin, denen jeweils Kapitel 1 und 2 gewidmet ist, wurden aufgrund ihrer durchgehenden Erwähnung nicht in das Register aufgenommen.